롤스토리 디자인 연구소
우디(서영열) 지음

유튜브 채널 운영을 위한
포토샵 디자인

ⓒ 2021. 우디(서영열) All Rights Reserved.

1쇄 발행 2021년 5월 15일

지은이 우디(서영열)
펴낸이 장성두
펴낸곳 주식회사 제이펍

출판신고 2009년 11월 10일 제406-2009-000087호
주소 경기도 파주시 회동길 159 3층 3-B호 / **전화** 070-8201-9010 / **팩스** 02-6280-0405
홈페이지 www.jpub.kr / **원고투고** submit@jpub.kr / **독자문의** help@jpub.kr / **교재문의** textbook@jpub.kr

편집부 김정준, 이민숙, 최병찬, 이주원 / **소통기획부** 송찬수, 강민철 / **소통지원부** 민지환, 김유미, 김수연
기획 및 진행 송찬수 / **교정·교열** 박정수 / **내지·표지 디자인** 다람쥐 생활
용지 타라유통 / **인쇄** 한길프린테크 / **제본** 장항피앤비

ISBN 979-11-91600-07-0(13000)
값 19,800원

제이펍은 독자 여러분의 아이디어와 원고 투고를 기다리고 있습니다. 책으로 펴내고자 하는 아이디어나 원고가 있는
분께서는 책의 간단한 개요와 차례, 구성과 저(역)자 약력 등을 메일(submit@jpub.kr)로 보내 주세요.

유튜브 크리에이터를 위한
롤스토리 디자인 연구소의 포토샵 디자인 클래스

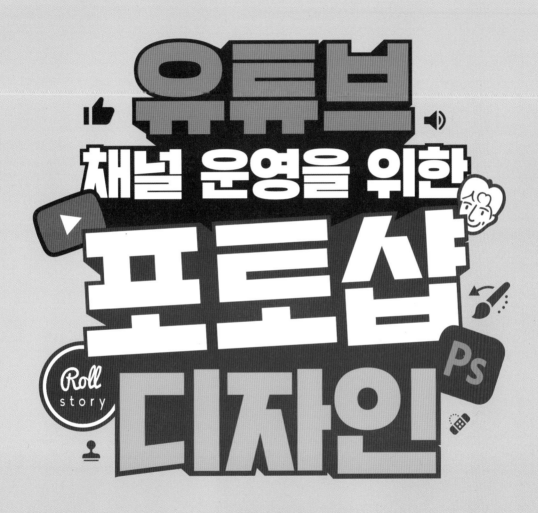

유튜브 채널 운영을 위한
포토샵 디자인

롤스토리 디자인 연구소
우디(서영열) 지음

제이펍

⏸ ⏭ 🔊 ━━━━━○━━━━━━━━━━━━━━━━━━━━━━━

⏸ ⏭ 🔊 ━━━━━○━━━━━━━━━━━━━━━━━━━━━━━

❙❙ ▶❙ 🔊

CHAPTER 03

유튜브 배너 꾸미기

실습을 위한 예제 파일(완성 파일 포함) 및 사용한 글꼴 안내는 http://bit.ly/photo_youtube 에서 확인할 수 있습니다. 실습 전, 예제 파일 다운로드와 함께 책에서 사용한 글꼴도 미리 설치해놓아야 실습이 더욱 수월합니다.

🖌 채널의 정체성, 프로필 꾸미기

▲ 입체감 있는 타이포그래피 프로필　042쪽

▲ 사진과 타이포그래피를 활용한 프로필　050쪽

▲ 엠블럼 스타일 프로필　059쪽

▲ 나만의 캐릭터를 활용한 프로필　071쪽

▲ 나를 그대로 보여주는 사진 프로필　078쪽

🖌 유튜브 배너 꾸미기

◀ 초간단 타이포그래피 배너　088쪽

◀ 콜라주 느낌의 러블리한 배너　097쪽

▲ 패턴과 그레이디언트로 의문 가득한 배너 107쪽

▲ 힐링 채널에 어울리는 감상적인 배너 119쪽

▲ 여러 디자인 소스를 활용한 배너 128쪽

🖌 유튜브 섬네일 꾸미기

▲ 잘 고른 사진으로 완성한 심플 섬네일 144쪽

▲ 액자 속 이미지 같은 프레임 섬네일 154쪽

▲ 스토리가 담긴 분할 섬네일 164쪽

▲ 스티커를 잘라 붙인 듯한 섬네일 174쪽

▲ 사진을 단순하게 처리한 만화 같은 섬네일 186쪽

🖌️ 이미지 소스로 영상을 풍성하게

▲ 자막을 돋보이게 하는 자막 박스 195쪽

▲ 영상 콘텐츠를 소개하는 제목 박스 203쪽

▲ 영상 속 정보 제공을 위한 네임 스티커 210쪽

▲ 액션 기능으로 간편하게 만든 예능 자막 219쪽

▲ 구독, 좋아요를 부르는 디자인 버튼 228쪽

🖌 영상 콘텐츠를 마무리하는 최종 화면

▲ 구깃구깃 종이 질감의 최종 화면 238쪽

▲ 자유로운 그레이디언트로 만든 최종 화면 248쪽

▲ 귀여운 디자인 소스를 활용한 최종 화면 256쪽

안녕하세요? 롤스토리 디자인 연구소의 우디입니다. 여러분의 응원과 격려 속에 드디어 버킷 리스트 중 하나인 책 집필의 꿈을 이루었습니다.

저는 우연히 보게 된 한 장의 보정 사진에 이끌려 포토샵을 시작하였고, 우연히 보게 된 포토샵 강의에서 '내가 이것보다 더 알차게 잘 가르칠 수 있겠다'는 자신감이 생겨 이를 계기로 유튜브를 시작하였습니다. 비록 우연히 시작하였으나 어느덧 포토샵을 비롯한 그래픽 프로그램과 디자인이라는 주제로 수백 편의 콘텐츠가 쌓였고, 그렇게 꾸준히 콘텐츠를 제작하다 보니 책이라는 결과물에까지 이르게 되었습니다.

사실 첫 책은 좀 더 전문적인, 디자이너를 위한 책을 쓰고 싶었습니다. 하지만 곰곰 생각해보니 지금의 저를 있게 해주고, 여러분과 만날 수 있게 해준 '유튜브'를 주제로 책을 쓰면 의미가 더 크겠다는 생각이 들었습니다. 누구나 쉽게 볼 수 있고, 누구나 유튜브라는 빨간 창 세상에 참여할 수 있는 계기가 되는 그런 책 말이죠. 그렇게 '유튜브', '포토샵'이라는 키워드를 가지고 고민한 결과물이 바로 이 책입니다. 이 책은 상상의 나래를 마음껏 펼칠 수 있는 포토샵으로 유튜브를 운영하는 데 필요한 다양한 디자인을 직접 만들어서 활용할 수 있도록 구성했습니다. 유튜브 채널에서 내 얼굴이라고 할 수 있는 유튜브의 프로필부터 배너, 섬네일, 영상을 꾸미는 요소 및 자막, 그리고 최종 화면까지 여러분의 유튜브 채널을 보다 완성도 있게 꾸밀 수 있는 거의 모든 디자인 콘텐츠를 담았습니다.

누구에게나 처음은 있고, 누구나 처음부터 잘할 순 없습니다. 다만, 생각만 하고 끝나는 게 아니라 일단 용감하게 시작하고 한 걸음씩 내딛는다면 어느 순간 원하는 목적지에 도달할 수 있을 것입니다. 여러분의 열정 가득한 시작을 위해 어떻게 하면 쉽고 재미있게 활용할 수 있을지 고심하며 만든 실습 예제에 여러분의 풍부한 상상력이 더해진다면 이후 블로그나 SNS 운영에도 응용할 수 있을 것입니다. 그러니 모든 예제를 한 번씩 실습해보길 강력히 추천합니다. 책을 보면서 어려운 점이 있다면 [롤스토리 디자인 연구소] 채널에서 동영상 강의를 시청할 수도 있습니다. 모든 실습 예제에는 빠르게 동영상 강의를 시청할 수 있도록 QR 코드를 배치해두었으니 자유롭게 시청하시고, 궁금한 점이 있다면 언제든 댓글이나 메일로 문의해주시면 친절하게 답변해 드리겠습니다.

끝으로, 이 책이 나오기까지 도움을 주신 제이펍 출판사 관계자 여러분과 사랑하는 가족, 그리고 저에게 나눔의 즐거움을 느끼게 해주신 이 책의 독자와 유튜브 구독자 여러분에게 다시 한번 감사의 말씀을 전합니다.

2021년, 롤스토리 디자인 연구소
우디(서영열) 드림

치열한 유튜브 생태계에서 '디자인'을 활용하면 조금 더 완성도 높은 채널을 운영할 수 있습니다. 이 책은 '디자인'도 '포토샵'도 처음 접하는 여러분도 쉽게 배울 수 있고, 예제를 따라 한 후 자신만의 독창적인 디자인을 완성할 수 있도록 다양한 사례로 구성했습니다.

동영상 QR 코드
QR 코드를 찍어 유튜브 동영상 강의를 빠르게 확인할 수 있습니다.

실습 기본 정보
주요 기능, 사용 글꼴 등 실습 내용과 실습에 필요한 기본 정보를 파악할 수 있습니다.

결과 미리 보기
해당 실습을 통해 어떤 디자인을 완성할지 미리 파악할 수 있습니다.

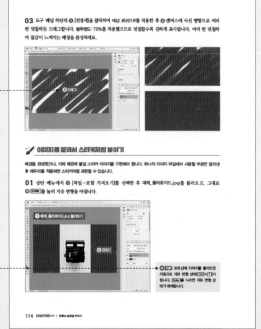

친절한 실습
과정별 자세한 설명과 캡처 화면으로 누구나 쉽게 따라 할 수 있습니다.

TIP
실습 중 실수하거나 놓칠 수 있는 작업들을 꼼꼼하게 TIP으로 정리했습니다.

요소 디자인 전 알고 가기
각 요소를 디자인하기 전 유튜브에서 제공하는 기본 가이드나 주의할 점, 요소 등록 방법 등 설명하고, 동영상 강의도 제공합니다.

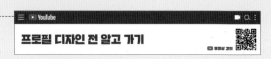

독자 여러분의 원활한 학습을 돕기 위해 이 책에 사용한 예제 파일과 완성 파일을 제공합니다. 독자 지원 페이지 http://bit.ly/photo_youtube 를 방문하여 [예제 파일.zip]을 클릭해서 다운로드한 후 압축을 풀고 사용하세요.

▶️ **TIP** 독자 지원 페이지는 [Notion]으로 만든 페이지로, 크롬이나 엣지 브라우저를 이용해야 원활하게 접속할 수 있습니다. 크롬이나 엣지 브라우저를 사용하지 않는다면 http://bit.ly/photo_youtube2 에 접속하여 실습 파일만 빠르게 다운로드할 수 있습니다.

독자 지원 페이지에는 이 책에서 발견된 오탈자 및 오류를 확인할 수 있는 정오표, 저자 소개, 다양한 무료 글꼴 및 글꼴 다운로드 페이지 등도 정리해두었으니 필요할 때 방문해서 활용하세요.

문서 작업을 할 때와 마찬가지로 디자인 작업에서도 단축키를 사용하면 작업 시간을 효과적으로 단축할 수 있습니다.

포토샵 기본 설정

Ctrl + O	새로운 파일 열기	Ctrl + + , −	화면 확대, 축소
Ctrl + S	파일 저장	Ctrl + 0	화면 크기에 맞게 조정
Ctrl + R	눈금자 표시	Alt + 마우스 스크롤	화면 확대, 축소
Ctrl + ;	안내선 표시		

이미지 편집

Ctrl + T	자유 변형	Ctrl + M	곡선 창에서 보정하기
Ctrl + Alt + Shift + T	변형 반복	← , → , ↑ , ↓ (방향키)	1픽셀 단위로 이동
Alt + Delete	전경색 채우기	Shift + ← , → , ↑ , ↓	10픽셀 단위로 이동
Ctrl + Delete	배경색 채우기		

레이어(패널) 관련

Ctrl + 레이어 클릭	레이어 다중 선택	Ctrl + J	레이어 복제
Shift + 시작과 끝 레이어 클릭	연속된 레이어 다중 선택	Ctrl + G	그룹으로 묶기
Ctrl + E	선택한 레이어 병합	Alt + 레이어와 레이어 경계 클릭	클리핑 마스크 실행

선택 영역, 텍스트, 드로잉 관련

Ctrl + 레이어 섬네일 클릭	해당 레이어의 이미지를 선택 영역으로 지정	[,]	브러시 크기 조절
Ctrl + D	선택 영역 해제	클릭 후 Shift + 클릭	브러시로 직선 그리기
Ctrl + Shift + I	선택 영역 반전	Alt + Shift + 드래그	클릭한 곳을 중앙으로 비율에 맞춰 그리기
Ctrl + Enter	문자 편집 완료		

CHAPTER 01

유튜브 포토샵
디자인 시작하기

다짜고짜 유튜브 채널을 만들고, 채널을 꾸미겠다고
포토샵을 실행한다고 원하는 디자인이 뚝딱 완성되는 것은 아닙니다.
물론 무조건 따라서 만들면 결과물을 완성할 수는 있지만, 이후 본인 채널에 맞게 응용하긴 어려울 겁니다.
그러므로 본격적인 디자인을 시작하기에 앞서, 유튜브 채널 운영에 필요한 디자인은 무엇인지,
포토샵은 어떤 프로그램이며 디자인하려면 어떤 것들을 알아야 하는지
간단하게 살펴보겠습니다.

유튜브 채널 운영을 위한 포토샵 디자인을 시작하기에 앞서 가벼운 마음으로 유튜브와 포토샵에 대해 간단히 살펴보겠습니다. 꼭 필요한 정보는 아니므로, 상식 선에서 가볍게 읽고 넘어가도 좋습니다.

일찌감치 가능성을 보인 유튜브

2005년에 서비스를 시작한 유튜브(YouTube)는 사용자를 가리키는 'You'에 브라운관 텔레비전의 별칭인 'Tube'를 더한 합성어입니다. 즉, 유튜브라는 명칭의 뉘앙스는 '당신을 위한 텔레비전'이라고 할 수 있죠. 유튜브의 상징과 같은 빨간 박스는 처음에 텔레비전 모양과 문구가 합쳐진 형태였으나 2017년에 빨간색 재생 버튼으로 바뀌었습니다. 이러한 변화는 영상 시장을 주도하던 텔레비전(Tube)의 역할을 뛰어넘어 유튜브가 동영상 콘텐츠 시장을 주도한다는 의미를 내포하고 있습니다. 매월 15억 명이 넘는 사용자가 동영상을 스트리밍하는 유튜브의 위상은 로고의 변화만 봐도 알 수 있습니다.

▲ 2005년 유튜브 로고　　　▲ 현재 유튜브 로고

유튜브는 처음부터 구글에서 시작된 플랫폼은 아닙니다. 2005년 2월에 페이팔 직원이던 채드 헐리, 스티브 천, 자베드 카림이 공동으로 창립했고, 2005년 4월 23일에 최초 영상인 'Me at the zoo'를 업로드하면서 본격적인 서비스를 시작했습니다. 그리고 바로 다음 해인 2006년 10월, 구글에서 16억 5,000만 달러(약 2조 2,000억 원)에 유튜브를 인수합니다.

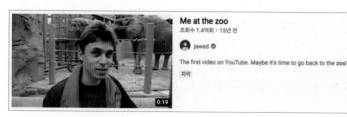

▲ 유튜브 최초의 영상인 Me at the zoo

창업한 지 1년도 채 지나지 않은 신생 기업임에도 구글은 유튜브의 가능성을 보고 무려 2조가 넘는 비용을 투자하여 인수한 것입니다. 구글이 인수함에 따라 서버 유지를 감당할 수 있게 된 유튜브는 그 후 국가별 현지화 서비스를 시작했고, 2009년에는 약 4억 7천만 달러의 적자를 기록했지만 이듬해인 2010년부터 흑자로 돌아섰습니다. 그리고 이용자가 갈수록 불어나는 스노우볼 효과를 내기 시작하며 한국에서 싸이(PSY), BTS와 같은 글로벌 스타를 배출하는 데 결정적인 역할을 하기도 했습니다. 이렇듯 확실하게 자리 잡은 유튜브 문화는 그야말로 신선한 충격이었으며 독보적인 위치로 자리매김하고 있습니다.

> **▶ TIP** "지금 유튜브를 시작하기엔 너무 늦지 않았을까요?"라는 질문을 한다면 이렇게 이야기하고 싶습니다. "주변에 아이들을 보세요. 다들, 빨간 창만 보고 있습니다."

🖌 유튜브 3대 디자인 영역 알기

여러분이 이모티콘 만드는 방법을 주제로 영상을 만들어 유튜브에 업로드했다고 가정해보세요. 누군가가 여러분이 만든 영상을 시청하려면 어떤 과정을 거치게 될까요? 관련 영상을 찾는 사용자라면 아마도 검색 창에 '이모티콘 만드는 방법', '이모티콘 만들기' 등으로 검색할 겁니다. 그리고 무수히 많은 검색 결과의 섬네일 등을 보고 원하는 영상을 클릭할 겁니다. 여러 유튜브 디자인 요소 중 '섬네일(Thumbnail)'을 가장 중요한 요소로 선정하는 이유가 바로 이 때문입니다. 유사한 콘텐츠의 수많은 검색 결과 중에서 내용을 떠나 일단 클릭하게 만드는 시작이 바로 여러분의 첫인상과 같은 섬네일입니다.

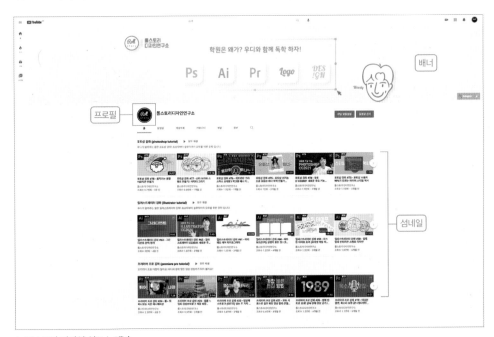

▲ 롤스토리 디자인 연구소 채널

섬네일이 마음에 들어서 우연히 영상 콘텐츠를 시청했는데 영상 콘텐츠까지 만족스럽다면, 또 어떤 영상 콘텐츠가 있을지 궁금해서 여러분의 채널까지 방문하게 될 겁니다. 그렇게 채널을 방문한 시청자는 대문 역할을 하는 배너와 프로필 이미지를 보고 채널의 정체성을 파악하게 될 겁니다. 즉, 유튜브 3대 디자인 영역인 '프로필', '배너', '섬네일'은 여러분 채널의 정체성을 표현하는 아주 중요한 디자인이며, 채널의 조회 수나 구독자 증가에도 영향을 끼친다고 이야기할 수 있습니다.

🖌 대세 그래픽 프로그램, 포토샵

어도비(Adobe)사의 포토샵(Photoshop)은 1990년 포토샵 1.0을 시작으로 하여 현재까지 오랜 역사를 이어 오고 있습니다. 포토샵이 세상에 처음 나온 1990년대만 해도 그래픽 프로그램은 단순히 하얀 백지 위에 그림을 그리는 페인트 도구가 전부였습니다. 이런 상황에서 포토샵은 페인트 도구에 이미지 편집이라는 새로운 기능을 추가하여 주목을 받기 시작합니다.

▲ 포토샵 아이콘

게다가 최근에는 클릭 몇 번으로 배경을 자동으로 제거하거나 사람의 표정을 바꾸는 등의 혁신적인 기능이 더해졌습니다. 여기에 사용자가 쉽게 사용할 수 있도록 보다 직관적이고 편리한 구성으로 발전하면서 대중화에 가속도가 붙었습니다.

▲ 포토샵 1.0 시작 화면

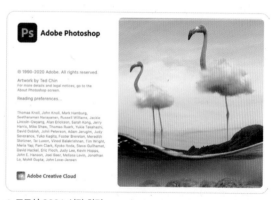

▲ 포토샵 2021 시작 화면

현재의 포토샵 버전은 Creative Cloud 시스템으로, 사용자는 정기적으로 비용을 지불하며 사용해야 합니다. 포토샵은 매년 주기적인 업데이트를 통해 사용자의 피드백을 가장 빠르게 반영해주는 대표 그래픽 프로그램으로 자리매김하였습니다.

LESSON 02 | 디자인하려면 알아야 할 필수 용어

'디자인' 하면 막막한 느낌이 들고 전문 영역으로만 생각하기 쉽습니다. 하지만 과제를 하거나 보고서 등을 작성할 때 글꼴이나 크기를 바꾸는 것도 디자인입니다. 여기서는 이보다 살짝 심화한 단계로 유튜브 디자인을 하기 위해 알아야 할 기초 지식 몇 가지만 가볍게 소개하겠습니다.

비트맵과 벡터

컴퓨터로 작업한 이미지는 크게 두 가지 형태로 나눌 수 있습니다. 하나는 포토샵에서 주로 작업하는 비트맵(Bitmap) 방식이고, 다른 하나는 일러스트레이터에서 주로 작업하는 벡터(Vector) 방식입니다.

	비트맵(Bitmap)	벡터(Vector)
대표 프로그램	포토샵, 코렐 페인터	일러스트레이터, 오토캐드
특징	사각형 모양의 픽셀 기반으로 표현	수학 기반의 곡선과 선으로 표현
장점	각각의 픽셀을 다루기에 정교한 이미지 작업에 유리	수학 기반으로 크기를 확대해도 해상도 저하가 없음
단점	이미지 크기 변경 시 해상도 저하	사진과 같은 사실적이고 정교한 이미지 표현이 어려움
파일 용량	이미지 해상도에 따른 용량 증가	이미지 크기 변화가 파일 용량에 영향을 주지 않음
파일 포맷	JPG, PNG, GIF 등	AI, EPS, SVG 등
대표 디자인 작업	사진 보정, 합성 등	로고, 패키지 디자인 등

다음 페이지에 나오는 그림은 같은 크기의 작은 원을 크게 확대한 모습입니다. 픽셀을 다루는 비트맵 기반의 포토샵에서 확대된 원을 보면 작은 픽셀이 무수히 많이 모여 있는 것이 보입니다. 그래서 비트맵 방식은 이미지를 확대하면 계단 현상이 나타나고 그 크기만큼 용량도 커집니다. 반면, 수학 기반의 일러스트레이터에서는 4개의 앵커 포인트가 서로 수학적으로 연결되어 원이 만들어지므로 확대해도 전혀 깨지지 않고 용량도 커지지 않습니다.

우리가 앞으로 만들 유튜브 디자인은 사진 보정, 합성 등 픽셀을 하나씩 다루어야 하는 작업입니다. 그러므로 비트맵 기반의 포토샵이 더 적합합니다.

▲ 비트맵 기반의 포토샵에서
   확대한 원

▲ 벡터 기반의 일러스트레이터에서
   확대한 원

모니터는 RGB, 인쇄는 CMYK

색상 체계는 크게 빛의 혼합인 RGB(Red, Green, Blue)와 물감의 혼합인 CMYK(Cyan, Magenta, Yellow, Black)로 나눌 수 있습니다. 디자인할 때 다양한 색상을 활용하게 되는데, 색상 모드를 잘못 선택하면 원치 않은 결과물을 얻을 수 있기 때문에 어떤 색상 모드를 사용할지 알아야 합니다.

RGB	CMYK
Red, Green, Blue	Cyan, Magenta, Yellow, Black
빛의 혼합	물감의 혼합
색을 더할수록 밝아짐, 가산 혼합	색을 더할수록 어두워짐, 감산 혼합
모니터의 색상 체계	인쇄의 색상 체계

위의 표를 보고 유추한다면 유튜브 디자인은 어떤 색상 모드를 사용해야 할까요? 바로 RGB입니다. 이유는 간단합니다. 유튜브는 스마트폰, PC, 텔레비전과 같은 '모니터'를 통해 봅니다. 즉, 빛을 다루는 모니터와 관련된 RGB 모드를 사용하는 겁니다. 반면, CMYK는 책이나 포스터 등 결과물을 인쇄하는 디자인에서 사용한다고 이해하면 됩니다.

이러한 색상 모드에 따라 결과물에 차이가 있습니다. 그러니 포토샵으로 디자인을 시작하기 전 새 문서를 만들 때([Ctrl]+[N]) 색상 모드를 설정하고 시작하는 것이 좋습니다. 만약 이미 만들어진 이미지를 기반으로 작업한다면 상단 메뉴에서 [이미지 – 모드]를 선택한 후 원하는 색상 모드를 재설정할 수 있습니다. RGB와 CMYK를 다시 쉽게 정리하면 다음과 같습니다. 내가 만드는 결과물이 '모니터'로 보이는 거라면 'RGB 색싱 모드', 종이 등에 인쇄되는 게 목적이라면 'CMYK 색상 모드'를 사용하면 됩니다.

▲ 새로 만들기 문서 창의 색상 모드

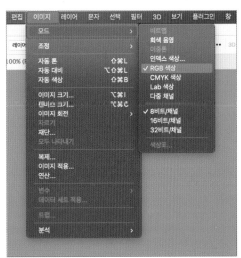

▲ 메뉴에서 색상 모드 재설정하기

🖌 DPI, PPI, 해상도

꼭 디자인을 하지 않더라도 유튜브를 시청하면서 72, 300, PPI, DPI 등의 용어를 들어본 적이 있을 겁니다. 이는 모두 해상도와 관련된 용어랍니다. 그렇다면 해상도는 무엇이고, 이미지를 저장할 때 어떤 값의 해상도를 사용해야 할까요?

우선 해상도란 화면에 표시하거나 인쇄할 때 이미지의 정밀도를 나타내는 지표로, 가로/세로 1인치인 영역을 몇 개의 픽셀 또는 점으로 채울 것인지를 나타내는 수치입니다. 이러한 해상도의 단위로 모니터에서 1인치당 몇 개의 픽셀(Pixel)로 이루어졌는지를 나타내는 PPI(Pixel Per Inch)와 출력물에서 1인치당 몇 개의 점(Dot)으로 이루어졌는지를 나타내는 DPI(Dot Per Inch)를 사용합니다. 그리고 통상적으로 이 둘을 구분하지 않고 해상도(Resolution)라고 표현합니다.

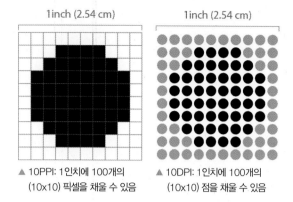

▲ 10PPI: 1인치에 100개의
　(10x10) 픽셀을 채울 수 있음

▲ 10DPI: 1인치에 100개의
　(10x10) 점을 채울 수 있음

1인치 영역에 픽셀 또는 점의 수가 많을수록 고해상도의 정밀한 이미지를 표현할 수 있겠죠? 즉, 해상도가 높을수록 이미지가 깨끗하고 선명하게 보입니다. 하지만 픽셀이나 점의 수가 많아질수록 파일 크기가 커지고 이로 인해 컴퓨터 속도가 느려질 수 있으므로 디자인을 시작하기 전에 목적에 맞는 적절한 해상도를 지정하는 것이 좋습니다. 통상적으로 웹에서 사용하는 디자인이라면 최소 72, 인쇄물이라면 최소 300의 해상도를 지정해야 선명하고 깨끗한 결과물을 얻을 수 있습니다.

▲ [웹] 사전 설정 항목의 해상도

▲ [인쇄] 사전 설정 항목의 해상도

그러므로 포토샵에서도 새로운 작업을 시작할 때 새로 만들기 문서 창에서 [웹] 사전 설정 탭에 있는 항목을 선택하면 기본 해상도가 72로 적용되어 있고, [인쇄] 사전 설정 탭에 있는 항목을 선택하면 기본 해상도가 300으로 적용된 것을 확인할 수 있습니다.

> ▶ TIP　결론적으로 유튜브에 업로드할 디자인을 만드는 게 목적이라면 색상 모드는 RGB, 해상도는 72를 적용하는 것이 최적의 문서 설정이라고 할 수 있습니다.

LESSON 03 | 이미지를 저장하는 다양한 포맷

여러분이 가장 많이 접한 이미지 파일은 JPG 형식일 겁니다. JPG 포맷은 가장 넓은 범위의 색을 지원하고, 압축률이 높아 대중적으로 이용되고 있습니다. 이미지 파일 포맷은 이외에도 다양한 형식이 있는데, 주로 사용하는 몇 가지 파일 포맷을 살펴보겠습니다.

• **PSD:** 포토샵 원본 파일이라 불리는 포토샵 전용 파일 포맷입니다. 포토샵에서 다루는 모든 레이어, 채널, 패스 등을 저장할 수 있는 포맷이므로, 디자인 원본을 보존하여 이후 추가 작업을 하거나 수정해야 한다면 반드시 PSD 포맷으로 저장해야 합니다.

• **JPG:** JPEG라고도 불리는 JPG 포맷은 넓은 범위의 색을 지원하고 압축률이 매우 높기에, 사진을 포함한 웹에서 가장 널리 사용하는 손실 압축 포맷입니다. 압축률을 지정하여 저장할 수 있는데, 압축률을 높이면 파일 크기는 작아지지만 상대적으로 이미지 품질은 떨어집니다.

• **GIF:** 흔히 움직이는 이미지로 불리는 GIF 포맷은 파일에 이미지나 문자열 같은 정보를 저장할 수 있습니다. 대표적으로 '움짤' 애니메이션을 만들 때 사용합니다. 이미지에서 투명한 영역을 저장할 수 있다는 장점이 있지만, 최대 256개의 색상만 지원한다는 단점도 있습니다.

• **PNG:** JPG와 GIF의 단점을 보완한 비손실 그래픽 파일 포맷으로, 오늘날 웹에서 많이 사용합니다. GIF처럼 투명 영역을 저장할 수 있고, JPG와 달리 비손실 그래픽 포맷이므로 글자와 같은 정교한 이미지가 들어갈 때는 PNG 포맷을 사용하는 게 훨씬 더 효과적입니다. 이 책에서 실습으로 작업한 대부분의 결과물은 PNG 포맷을 사용하여 저장합니다.

• **PDF:** 어도비사에서 개발한 전자 문서 형식으로, 문서 · 글꼴 · 이미지 · 비디오 등을 포함할 수 있습니다. 컴퓨터 환경과 관계없이 같은 표현을 하려는 목적으로 개발된 포맷이므로 어떤 운영체제에서 어떤 프로그램을 사용하든 PDF 포맷으로 저장하면 저장 환경과 동일하게 어디에서나 동일한 결과를 확인할 수 있습니다. 마치, 파일을 사진으로 찍는 것과 같다고 할 수 있죠.

LESSON 04 | 알아두면 유용한 사이트 모음

디자인을 한다고 해서 처음부터 끝까지 직접 할 필요는 없습니다. 여러 디자인 소스를 활용해보세요. 단, 상업적으로 사용할 때 저작권 문제가 발생할 수 있으니 이 또한 확실하게 살펴본 후 사용해야 합니다. 여기서는 글꼴, 무료 디자인, 디자인 참고 사이트 등 디자인할 때 유용한 웹사이트를 소개합니다.

- **상업용 무료 한글 글꼴, 눈누:** 한국의 다양한 기업과 개인이 만들어 배포하는 무료 한글 글꼴을 모아놓은 사이트입니다. 글꼴마다 잘 정리된 라이선스 범주까지 확인할 수 있습니다.

▲ https://noonnu.cc/

- **무료 이미지, Unsplash:** 상업적으로 이용할 수 있는 무료 이미지를 구할 수 있습니다.

▲ https://unsplash.com/

- **무료 이미지 및 영상, Pixabay:** 상업적으로 이용할 수 있는 무료 이미지 및 영상 클립을 구할 수 있습니다.

https://pixabay.com/ko/ ▶

- **무료 디자인 템플릿, Freepik:** 벡터, PSD 등 다양한 무료 디자인 템플릿을 구할 수 있습니다.

https://www.freepik.com/ ▶

- **무료 아이콘, Flaticon:** 다양한 무료 아이콘을 구할 수 있습니다.

https://www.flaticon.com/ ▶

- **디자인 참고 사이트, 핀터레스트:** 다양한 디자인 레퍼런스를 찾아볼 수 있습니다.

https://www.pinterest.co.kr/ ▶

이 책은 포토샵 2021 한글판을 기준으로 설명합니다. 하지만 대부분 버전에 상관없이 실습할 수 있도록 구성했습니다. 포토샵은 CC 버전부터 월간 또는 연간 구독 방식으로 바뀌었으므로 사용하려면 매월 또는 매년 일정 비용을 지불해야 합니다. 하지만 처음 7일 동안은 무료로 사용할 수 있습니다.

포토샵 무료 체험판 설치하기

01 어도비 홈페이지(https://www.adobe.com/kr/)에 접속한 후 [지원-다운로드 및 설치]를 선택합니다.

02 다운로드 목록에서 Photoshop을 찾아 [무료 체험판]을 클릭합니다.

03 포토샵 등 어도비 제품은 7일간 무료로 사용할 수 있습니다. 그 후에는 기간별 일정 비용을 지불해야 합니다. 우선 Photoshop의 [무료 체험판]을 클릭합니다.

04 ❶ 이메일을 입력한 뒤 ❷ 개인 정보 사용 약관 등을 읽고 동의(체크)한 후 ❸ [계속]을 클릭합니다. 유료 사용 시 오른쪽에 있는 구독 약정 옵션을 선택한 후 [계속]을 클릭합니다.

05 ❶ 신용카드 정보를 입력하고 ❷ [무료 체험기간 시작]을 클릭합니다. 7일은 무료 사용 기간이므로 결제가 진행되지 않으니 걱정하지 말고 정보를 입력해도 됩니다. 단, 7일 이후 결제가 진행되지 않게 하려면 7일 이내에 플랜 취소를 신청해야 합니다. 마지막으로 주문 정보를 확인한 후 [시작하기]를 클릭하면 설치 과정을 거쳐 포토샵이 실행됩니다.

유료로 결제하지 않을 계획이라면 7일간의 무료 사용이 끝나기 전에 플랜을 취소해야 합니다. 먼저 https://account.adobe.com/에 접속한 후 로그인합니다. 내 플랜에서 [플랜 관리]를 클릭한 후 플랜 정보에서 [플랜 취소]를 클릭하세요. 이유를 선택한 후 플랜을 취소할 수 있습니다.

사용 언어 변경하기

기본적으로 포토샵을 설치하면 '한글판'으로 설치됩니다. 만약 다른 언어로 변경하거나, 영문판을 이미 설치한 상태에서 한글판으로 변경하고 싶다면 아래와 같은 방법으로 할 수 있습니다.

01 포토샵을 설치하면 어도비 프로그램의 기본 설정 등을 관리하는 [Creative Cloud] 가 같이 설치됩니다. [Creative Cloud]를 실행합니다.

02 설치된 기존 포토샵을 제거하려 면 프로그램 목록 중에 포토샵을 찾아 ❶ [⋯] 아이콘을 클릭한 후 ❷ [제거] 를 선택합니다.

03 이제 설치할 언어를 설정하기 위해 Creative Cloud 앱 오른쪽 위에 있는 ❶ [계정 정보] 아이콘을 클릭한 후 ❷ [환경 설정]을 선택합니다.

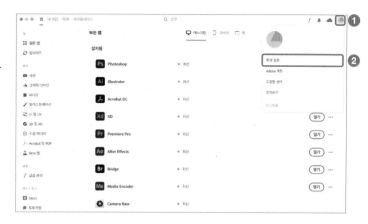

04 환경 설정 창이 열리면 ❶ [앱] 탭을 클릭하고 ❷ **기본 설치 언어: 한국어**를 적용합니다. 사용자에 따라 여기서 사용할 언어를 설정하면 됩니다.

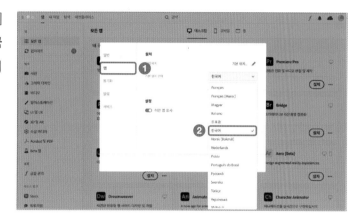

05 사용 언어 변경이 끝났으니 다시 포토샵을 설치해야 합니다. Creative Cloud 앱에서 스크롤을 내리면 '내 구독에서 사용 가능' 영역이 있습니다. 여기서 포토샵을 찾아 [설치] 버튼을 클릭합니다.

LESSON 06 | 포토샵 실행 및 사용 환경 설정

포토샵을 설치했으니 일단 실행해보세요. 맨 처음 할 일은 새로운 문서를 만드는 작업입니다. 새 문서 만들기 창부터 시작하여 앞으로 포토샵을 익숙하게 활용하기 위해 사용자에 맞춰 사용 환경을 설정하는 방법까지 살펴보겠습니다.

포토샵과 첫 대면하기

포토샵은 새로운 버전이 출시될 때마다 시작 화면도 함께 바뀝니다. 아래 사진은 포토샵 2021의 시작 화면입니다. 이어서 포토샵 홈 화면이 나타나면 앞으로 작업할 디자인이 그려질 캔버스를 만들어야 합니다. 그림을 그리려면 도화지가 필요하듯 말이죠. 홈 화면 왼쪽 중간에 있는 [새로 만들기] 버튼을 클릭하거나 상단 메뉴에서 [파일−새로 만들기]를 선택하면(Ctrl + N), 새로 만들 캔버스(문서) 크기나 용도 등을 적용할 수 있는 새로 만들기 문서 창이 열립니다.

▲ 포토샵 2021 시작 화면

▲ 포토샵 홈 화면

🖌️ 새로 만들기 문서 창

다음과 같은 새로 만들기 문서 창이 열리면 포토샵에서 기본으로 제공하는 사전 설정 항목을 선택해서 사용할 수 있습니다. 상단에 있는 탭에서 용도를 선택한 다음 용도별 항목을 선택할 수 있으며, 오른쪽에서는 세부 옵션을 변경할 수 있습니다. 세부적으로 설정할 수 있는 옵션은 다음과 같습니다.

- **폭, 높이, 단위:** 문서(캔버스)의 크기 및 단위를 설정할 수 있습니다. 웹에서는 주로 [픽셀] 단위를 사용하고, 인쇄에서는 주로 [밀리미터] 단위를 사용합니다. 이 책에서 다루는 디자인은 유튜브에서 사용하는 웹용 디자인이므로 모두 [픽셀] 단위를 사용합니다.

- **방향:** 설정한 문서 크기에 따라 가로로 길게 사용할지, 세로로 길게 사용할지 문서의 방향을 설정합니다.

- **아트보드:** 마치 책상 하나에 캔버스를 여러 개 깔아놓고 작업하는 것과 같이 대지를 사용하는 옵션입니다. 카드뉴스 등을 만들 때 유용하며, 보통은 체크를 해제하고 사용합니다.

- **해상도:** 문서의 해상도를 설정합니다. 역시 웹용 디자인이므로 [72]를 사용합니다.

- **색상 모드:** RGB와 CMYK 등 문서의 색상 모드를 설정합니다. 여기서는 웹용으로 적합한 [RGB]를 사용합니다.

- **배경 내용:** 처음 만들어질 문서(캔버스)의 기본 배경 색상을 정합니다. 기본 색상으로 [흰색]을 사용합니다.

- **색상 프로필:** 문서에 대한 색상 프로필을 지정할 수 있습니다. 다양한 색상 프로필이 있지만 웹용으로 사용하는 프로필은 [sRGB]입니다.

- **픽셀 종횡비:** 단일 픽셀의 폭과 높이 비율을 지정합니다. [정사각형 픽셀]을 사용합니다.

작업 영역 설정하기

포토샵을 처음 접한다면 어색할 수 있지만 앞으로 차차 적응할 겁니다. 우선 포토샵을 실행해서 새로운 문서(캔버스)를 만들어보세요. 앞으로 가장 자주 접할 포토샵 화면을 보게 될 겁니다. 다양한 도구들이 있는 이 작업 영역을 자유롭게 변경해보세요.

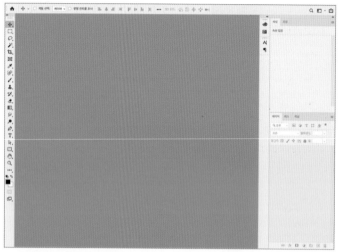

▲ 이 책에서 사용하는 작업 영역

• **패널 표시하고 숨기기:** 패널은 기능에 따라 옵션들을 묶어놓은 창입니다. 상단 메뉴에서 [창]에 있는 하위 메뉴를 선택해서 해당 패널을 표시하거나 숨길 수 있습니다. 이 책에서 주로 사용하는 패널은 문자, 속성, 레이어 패널입니다. 해당 패널은 필수로 표시해놓고, 나머지 패널은 필요에 따라 표시하거나 숨기면서 사용하세요.

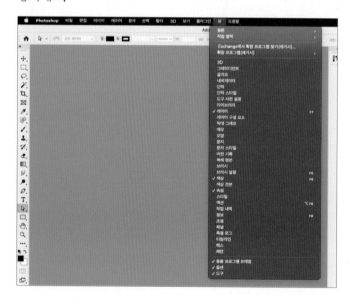

> **▶ TIP** 필요한 패널은 상단의 [창] 메뉴에서 원하는 패널을 체크하여 언제든 불러올 수 있습니다.

- **패널 접기/펼치기:** 패널은 개별 창으로 둘 수도 있고, 여러 패널을 하나의 창에서 탭 형태로 묶을 수도 있습니다. 또한 패널의 이름 부분을 더블 클릭하면 패널을 접거나 펼칠 수 있습니다.

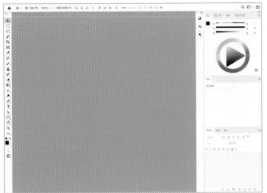 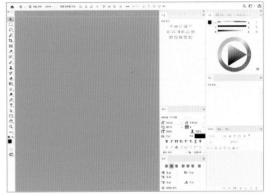

- **패널 이동:** 패널 위치는 고정된 것이 아니므로 패널 이름 부분을 드래그해서 자유롭게 옮길 수 있습니다. 다른 패널 위로 드래그해서 탭 형태로 묶을 수도 있고, 탭 형태에서 바깥쪽으로 드래그해서 따로 분리할 수도 있습니다. 너무 많은 패널을 표시해서 사용하면 화면을 가릴 수 있으니, 적절하게 필요한 패널만 배치해서 사용하는 것이 좋습니다.

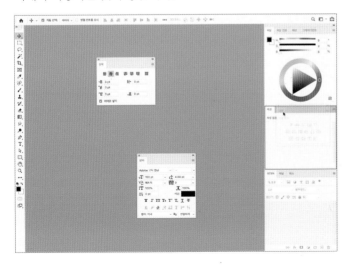

작업 영역 저장 및 복구하기

사용자 편의에 맞게 패널 위치 등을 자유롭게 변경해서 작업 영역를 정리했다면 언제든 동일한 환경을 사용할 수 있도록 저장하거나 기본 상태로 다시 복구할 수 있습니다.

- **작업 영역 저장:** 변경한 작업 영역을 저장하려면 상단 메뉴에서 ❶ [창−작업 영역−새 작업 영역]을 선택하고 새 작업 영역 창이 열리면 ❷ 사용할 작업 영역 이름을 입력한 후 ❸ [저장] 버튼을 클릭합니다.

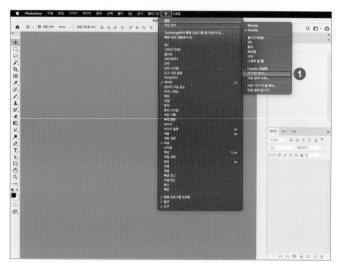

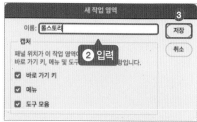

- **작업 영역 불러오기:** 한 번 저장한 작업 영역은 언제든 상단 메뉴에서 [창−작업 영역−(저장한 이름) 재설정]을 선택하여 불러올 수 있습니다. 또한 [창−작업 영역−필수(기본값)]을 선택하면 포토샵을 처음 실행했을 때의 작업 영역으로 되돌릴 수 있습니다.

포토샵 기본 환경 설정

포토샵을 처음 실행하면 온통 검은색 화면으로 표시됩니다. 흰색 캔버스가 강조되는 효과는 있지만, 사용자에 따라 검은색이 부담스러울 수도 있습니다. 포토샵에서는 인터페이스의 색상이나 사용할 단위 등을 자유롭게 변경해서 사용할 수 있습니다.

> **▶TIP** 환경 설정 단축키는 Ctrl + K 이며, macOS 사용자는 [Photoshop-환경설정] 메뉴를 이용하세요.

- **홈 화면 자동 표시:** 포토샵을 실행하면 시작 화면을 거쳐 포토샵 튜토리얼이나 최근 항목을 볼 수 있는 '홈 화면'이 나타납니다. 포토샵 사용이 익숙해져서 홈 화면이 필요하지 않다면 상단 메뉴에서 ❶ [편집-환경 설정-일반]을 선택한 후 ❷ **홈 화면 자동 표시: 체크 해제**를 적용하세요. 이후로는 홈 화면이 표시되지 않습니다.

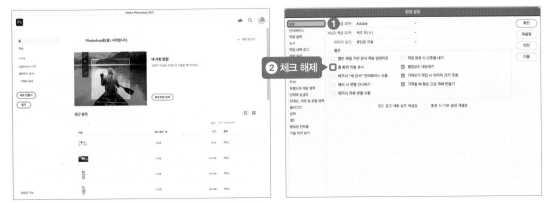

▲ 포토샵 홈 화면　　　　　　　　　　　　　　　　　▲ [일반] 환경 설정 창

- **인터페이스 색상 변경:** 이 책에서는 검은색 화면을 회색으로 변경해서 작업합니다. 인터페이스 색상을 변경하려면 상단 메뉴에서 ❶ [편집-환경 설정-인터페이스]를 선택한 후 ❷ **색상 테마** 옵션에서 원하는 색상을 선택하면 됩니다.

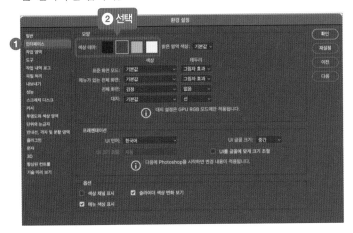

- **단위 설정:** 정확한 크기로 디자인하려면 사용할 단위를 미리 지정해야 합니다. 책에서 다루는 실습과 동일한 단위를 사용하려면 상단 메뉴에서 ❶ [편집-환경 설정-단위와 눈금자]를 선택한 후 ❷ **눈금자: 픽셀, 문자: 포인트**를 적용합니다.

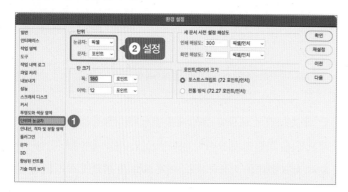

- **문자 표시:** 상단 메뉴에서 [편집-환경 설정-문자]를 선택한 후 **글꼴 이름을 영어로 표시: 체크 해제**를 적용해보세요. 한글 글꼴은 한글로 볼 수 있습니다.

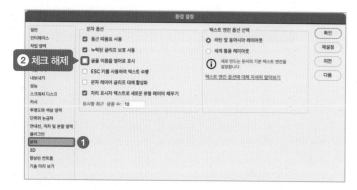

- **이동 도구의 자동 선택 옵션 설정:** 포토샵을 사용할 때 가장 자주 사용하는 도구 중 하나는 〈이동 도구〉⊕입니다. 이동 도구 옵션 패널을 보면 **자동 선택** 옵션이 있는데, 가급적 체크를 해제하고 사용하길 권장합니다. **자동 선택: 체크**를 적용하면 의도치 않는 오브젝트를 선택하게 될 수 있습니다.

LINK 자동 선택 옵션과 관련된 자세한 내용은 136쪽을 참고하세요.

CHAPTER 02

채널의 정체성,
프로필 꾸미기

내 채널의 정체성을 표현하는 가장 대표적인 방법은 프로필 영역을 꾸미는 것입니다.
프로필은 유튜브에서 채널이나 자신을 표현하는
가장 작은 디자인 영역이지만 매우 중요한 영역이기도 합니다.
따라서 간단하지만 눈에 잘 띌 수 있는 디자인을 활용하는 것이 좋습니다.

프로필 디자인 전 알고 가기

▶ 동영상 강의

프로필 사진 가이드

프로필 디자인을 하려면 기본적으로 YouTube 커뮤니티 가이드를 준수하면서 다음 기준을 충족해야 합니다.

- JPG, GIF, BMP 또는 PNG 파일(애니메이션 GIF 제외)
- 800×800픽셀 이미지(권장)
- 98×98픽셀로 렌더링되는 정사각형 또는 원형 이미지

▲ Youtube 커뮤니티 가이드

동그랗게 잘리는 프로필 영역

포토샵으로 만들 프로필 디자인은 정사각형 형태입니다. 하지만 실제 유튜브에 업로드하면 원형으로 잘려서 표시됩니다. 그러므로 동그랗게 잘릴 것을 고려하여 디자인해야 합니다.

▲ 포토샵에서 완성한 프로필   ▲ 실제 유튜브에 표시되는 프로필

프로필 사진 등록하기

완성한 프로필 디자인을 등록하려면 유튜브 스튜디오(https://studio.youtube.com/)에 접속해야 합니다.

01 유튜브 스튜디오에서 ❶ [맞춤설정 – 브랜딩] 탭으로 이동한 후 프로필 사진 항목에서 ❷ [업로드]를 클릭하고 완성한 디자인을 선택합니다.

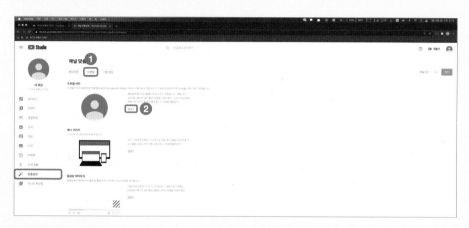

02 프로필 사진 맞춤설정 창이 열리고 선택한 디자인이 표시됩니다. 여기서 동그랗게 잘릴 영역을 지정할 수 있습니다. ❶ 영역을 지정한 후 ❷ [완료] 버튼을 클릭하면 디자인이 등록됩니다.

LESSON 01 | 입체감 있는 타이포그래피 프로필

문자를 이용한 프로필 디자인은 의미를 전달하기 위한 가장 보편적이면서도 직관적인 방법 중 하나입니다. 유튜브에서 가장 작은 디자인 영역인 만큼 가독성을 고려하여 글자에 입체감이 더해진 타이포그래피 프로필을 만들어보겠습니다.

- 완성 파일: 완성_제주살이.psd
- 사용 폰트: 여기어때 잘난체
- 캔버스 크기: 800 × 800픽셀
- 포토샵 기능: 자유 변형 반복, 레이어 스타일
- 디자인 포인트: 가독성과 입체감을 모두 살린 문자 디자인하기

동영상 강의

 결과 미리 보기

타이포그래피를 위한 기초 공사

타이포그래피 디자인에서 어울리는 글꼴을 선택하는 것도 중요하지만 어울리는 색상을 선정하는 일도 중요합니다. 배경 디자인부터 시작하여 타이포그래피를 위한 기초 디자인을 만들어보겠습니다.

01 포토샵에서 ❶ Ctrl+N을 눌러 새로 만들기 문서 창을 엽니다. 상단 사전 설정 유형에서 ❷ [웹] 탭을 누르고 표시된 목록 중 ❸ 아무거나 선택합니다. 오른쪽 세부 정보에서 ❹ **폭: 800픽셀, 높이: 800픽셀, 아트보드: 해제**를 적용하고 ❺ [만들기] 버튼을 클릭합니다.

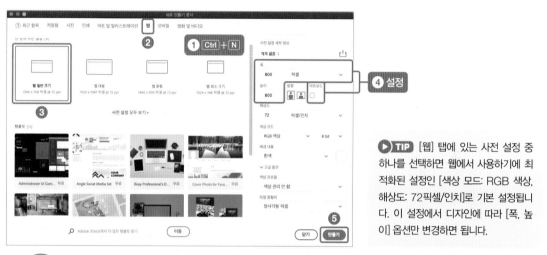

> **▶ TIP** [웹] 탭에 있는 사전 설정 중 하나를 선택하면 웹에서 사용하기에 최적화된 설정인 [색상 모드: RGB 색상, 해상도: 72픽셀/인치]로 기본 설정됩니다. 이 설정에서 디자인에 따라 [폭, 높이] 옵션만 변경하면 됩니다.

🙂 우디노트 | 아트보드란?   👍 👎 ➤ ☰+

아트보드는 하나의 작업 창에 여러 개의 캔버스를 펼쳐서 디자인할 수 있는 기능으로, 책상 위에 도화지를 여러 장 깔고 그림을 그리는 것에 비유할 수 있습니다. 포토샵에서 새로운 문서를 만들 때 [아트보드: 체크]로 적용하면 '대지 1'이라는 캔버스가 표시됩니다. 각 대지의 이름 부분을 클릭하면 주변에 [+] 아이콘이 표시되고, [+] 아이콘을 누르면 해당 방향에 새로운 대지를 추가할 수 있습니다. 이러한 아트보드는 카드뉴스나 웹페이지처럼 서로 이어진 디자인 작업을 할 때 유리합니다.

02 적용한 설정에 따라 유튜브 프로필을 만들기에 최적화된 캔버스가 열립니다. 단색으로 채워진 배경을 만들기 위해 레이어 패널 하단에 있는 ❶ [조정 레이어] ◑ 아이콘을 클릭하고 ❷ [단색] 메뉴를 선택합니다. 색상 피커 창이 열리면 ❸ **색상: #fd7837**을 적용한 후 ❹ [확인] 버튼을 클릭합니다.

> ▶ **TIP** 조정 레이어를 추가하면 해당 조정 레이어의 아래에 있는 레이어의 원본을 유지한 채 효과를 적용할 수 있습니다. 실습처럼 '단색' 조정 레이어를 적용한 후 섬네일을 더블 클릭하여 손쉽게 배경 색상을 변경할 수 있습니다.

03 도구 패널에서 ❶ 〈수평 문자 도구(T)〉 T를 선택하고 ❷ 문자 패널에서 ❸ **글꼴: 여기어때 잘난체, 크기: 250pt, 행간: 280pt, 자간: 100 색상: #f5f4f4**를 적용합니다. ❹ 문자 입력 위치를 클릭하여 **제주살이**를 2줄로 입력하고 Ctrl + Enter 를 눌러 마칩니다.

> ▶ **TIP** 문자 패널은 상단 메뉴에서 [창-문자]를 선택해서 열 수 있으며, 문자 위치를 변경할 때는 〈이동 도구(V)〉 ⊕를 선택한 후 드래그합니다.

04 입력한 문자에 스타일을 적용하기 위해 ❶ 레이어 패널에서 ❷ [제주 살이] 문자 레이어의 이름 오른쪽 여백을 더블 클릭합니다. 레이어 스타일 창이 열리면 왼쪽 스타일 목록에서 ❸ [획]을 선택한 후 ❹ **크기: 3px, 위치: 안쪽, 색상: #f5f4f4**를 적용하여 획(테두리)을 추가합니다.

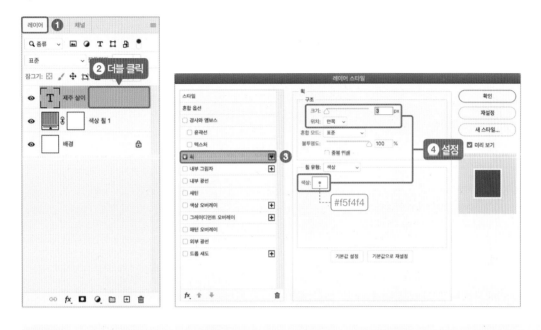

▶TIP 문자와 동일한 색으로 획을 추가했으므로 캔버스에서는 스타일이 적용되었는지 확인하기 어렵습니다. 이럴 때는 레이어 스타일 창 오른쪽에 있는 미리 보기 이미지를 참고하면 됩니다.

05 이어서 ❶ [내부 그림자]를 선택한 후 ❷ **혼합 모드: 표준, 색상: #fd6a37, 불투명도: 100%, 각도: 145도, 거리: 10px, 경계 감소: 0%, 크기: 0%**를 적용하여 안쪽에 그림자를 추가하고 ❸ [확인] 버튼을 클릭해 창을 닫습니다.

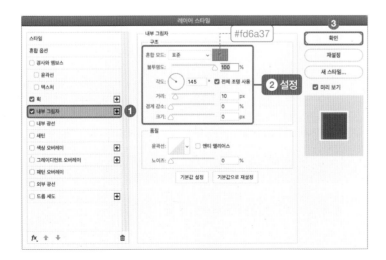

06 레이어 패널을 보면 [제주 살이] 레이어 아래쪽으로 [획]과 [내부 그림자] 스타일이 적용된 것을 확인할 수 있습니다. 캔버스에도 문자에 스타일이 적용되어 입체적인 느낌이 표현되었습니다.

3D 느낌으로 입체감 표현하기

내부에 그림자를 추가하는 것만으로도 간단한 입체감을 표현할 수 있습니다. 여기에 두께감을 더하면 3D 느낌의 입체감을 제대로 표현할 수 있으며, 문자의 가독성을 더욱 끌어올릴 수 있습니다.

01 레이어 패널에서 ❶ [제주 살이] 레이어를 선택한 후 Ctrl + J 를 눌러 복제합니다. 복제된 [제주 살이 복사] 레이어에서 ❷ [마우스 우클릭]한 후 ❸ [레이어 스타일 지우기] 메뉴를 선택합니다. 이어서 ❹ [제주 살이 복사] 레이어를 원본인 [제주 살이] 레이어 아래로 드래그해서 옮깁니다.

02 [제주 살이 복사] 레이어가 선택된 상태에서 ❶ Ctrl + G 를 눌러 그룹으로 묶고 ❷ 다시 그룹 안에 있는 [제주 살이 복사] 레이어를 선택합니다. ❸ Ctrl + T 를 눌러 자유 변형을 실행합니다. 조절점이 표시되면 ❹ → 를 1번, ↓ 를 1번씩 눌러 우측 하단으로 1픽셀씩 옮기고 Enter 를 눌러 자유 변형을 마칩니다.

03 [제주 살이 복사] 레이어가 선택된 상태에서 앞서 실행한 자유 변형을 반복하며 Ctrl + Alt + Shift + T 를 여러 번 눌러 원하는 두께만큼 레이어를 복제합니다. 실습에서는 25개까지 복제했습니다.

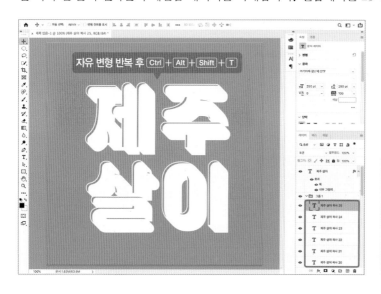

▶ **TIP** Ctrl + Shift + T 는 자유 변형 상태에서 적용한 이동이나 회전 등의 값을 기억하여 연속으로 반복하는 단축키입니다. 여기에 Alt 를 추가하여 Ctrl + Alt + Shift + T 를 누르면 변형이 반복되면서 새로운 레이어에 복제됩니다.

04 레이어 패널에서 ❶ [그룹 1] 그룹을 닫고 ❷ 그룹 이름 오른쪽에 있는 여백을 더블 클릭합니다. 레이어 스타일 창이 열리면 ❸ [색상 오버레이]를 선택한 후 ❹ **혼합 모드: 표준, 색상: #fd6a37**을 적용하고 ❺ [확인] 버튼을 클릭합니다.

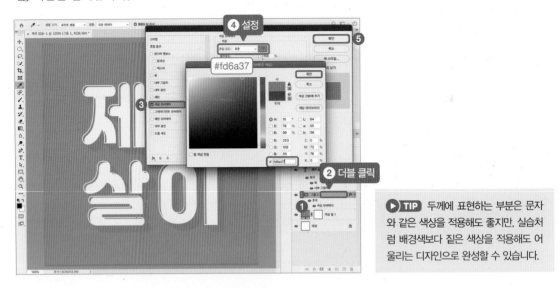

> ▶ **TIP** 두께에 표현하는 부분은 문자와 같은 색상을 적용해도 좋지만, 실습처럼 배경색보다 짙은 색상을 적용해도 어울리는 디자인으로 완성할 수 있습니다.

05 문자를 조금 더 강조하기 위해 [그룹 1] 레이어가 선택된 상태에서 ❶ Ctrl + J 를 눌러 그룹을 통째로 복제합니다. 아래에 있는 ❷ [그룹 1] 그룹을 선택한 후 ❸ [색상 오버레이] 스타일을 더블 클릭합니다. 레이어 스타일 창이 열리면 ❹ **색상: #ac4825**를 적용하고 ❺ [확인] 버튼을 클릭합니다.

06 이제 ❶ 〈이동 도구(V)〉 ⊕ 를 선택하고 ❷ Shift + → 를 3번, Shift + ↓ 를 3번 눌러 우측 하단으로 30픽셀씩 옮깁니다. 서로 다른 색으로 깊이를 표현함으로써 더욱 눈에 띄는 문자가 되었습니다.

07 두께감 표현으로 중심이 맞지 않아 보입니다. ❶ [그룹 1] 그룹이 선택된 상태에서 ❷ Shift 를 누른 채 최상단에 있는 [제주 살이] 레이어를 클릭해서 다중 선택합니다. '이동 도구' 옵션 패널에서 ❸ **자동 선택** 옵션의 체크를 해제한 후 ❹ 캔버스에서 드래그하여 문자를 중앙에 배치합니다. ❺ Ctrl + Shift + S 를 눌러 **파일 형식: PNG**로 저장합니다.

▶ **TIP** 〈이동 도구(V)〉 ⊕ 를 사용할 때 [자동 선택: 체크]로 적용되어 있으면 레이어에서 선택 중인 레이어/그룹과 상관없이 캔버스에서 클릭한 레이어/그룹이 이동됩니다.

문자에 더해 콘셉트를 잘 표현할 수 있는 이미지를 활용할 수 있다면 더욱 직관적으로 내 채널을 표현할 수 있을 겁니다. 하지만 작은 디자인 영역에 문자와 이미지를 모두 살리긴 쉽지 않죠. 어떻게 하면 글자와 사진 이미지까지 잘 어울리게 표현할 수 있을지 알아보겠습니다.

- 완성 파일: 완성_요가퀸.psd
- 예제 파일: 예제_요가하는여자.jpg
- 사용 폰트: G마켓 산스
- 캔버스 크기: 800×800픽셀
- 포토샵 기능: 레이어 스타일, 이미지 따기

 결과 미리 보기

 **주목성 높은 타이포그래피 디자인**

타이포그래피의 주목성을 높이려면 어떻게 해야 할까요? 화려한 색상을 사용하면 일단 주목을 받을 수는 있을 겁니다. 하지만 가독성이나 심미성 등의 문제가 발생할 수 있죠. 그렇다면 이미지를 활용해보는 것은 어떨까요? 이미지 배치를 고려해 문자를 입력해보겠습니다.

01 ❶ Ctrl + N 을 눌러 새로 만들기 문서 창을 엽니다. 사전 설정 유형에서 ❷ [웹] 탭을 누른 후 ❸ 아무 문서나 선택합니다. ❹ **폭: 800픽셀, 높이: 800픽셀, 아트보드: 해제**를 적용한 후 ❺ [만들기] 버튼을 클릭해 새로운 디자인을 시작합니다.

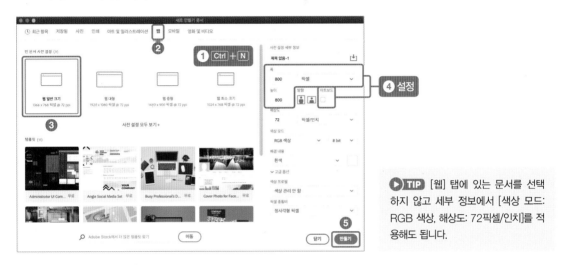

> **TIP** [웹] 탭에 있는 문서를 선택하지 않고 세부 정보에서 [색상 모드: RGB 색상, 해상도: 72픽셀/인치]를 적용해도 됩니다.

02 새로운 캔버스가 열리면 도구 패널에서 ❶ 〈수평 문자 도구(T)〉 T 를 선택하고 ❷ 문자 패널에서 ❸ **글꼴: G마켓 산스(Bold), 크기: 250pt, 이탤릭(기울임), 색상: #edcdac**를 적용합니다. ❹ 캔버스에서 왼쪽 중앙을 클릭하여 '요' 입력한 후 Ctrl + Enter 를 눌러 마칩니다.

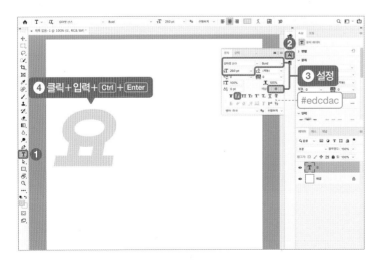

03 획(테두리)을 추가하기 위해 레이어 패널에서 ❶ 문자 레이어의 여백을 더블 클릭합니다. 레이어 스타일 창이 열리면 ❷ [획]을 선택하고 ❸ **크기: 17px, 위치: 바깥쪽, 색상: #000000**을 적용한 후 ❹ [확인] 버튼을 클릭합니다.

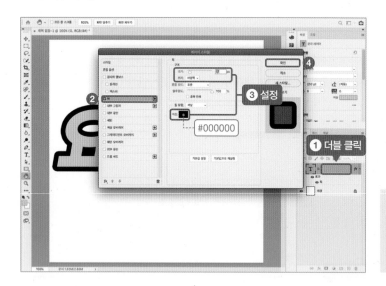

▶ **TIP** 획을 추가할 때 [위치: 바깥쪽]을 적용해야 기존 문자를 건드리지 않고 바깥으로 17px 두께만큼의 획을 만들 수 있습니다.

04 기본 스타일을 적용한 문자를 만들었으니 ❶ [요] 레이어가 선택된 상태에서 Ctrl+J를 눌러 문자 레이어를 복제합니다. ❷ 〈이동 도구(V)〉 ⊕를 선택한 후 ❸ 오른쪽으로 드래그해서 복제된 '요'를 겹치지 않게 옮깁니다.

05 레이어 패널에서 ❶ [요 복사] 레이어의 섬네일을 더블 클릭하여 문자 편집 상태가 되면 ❷ **가**로 수정하고 [Ctrl]+[Enter]를 눌러 마칩니다. ❸ 문자 레이어 복제 후 수정 과정을 반복하여 [퀸] 레이어까지 완성합니다.

 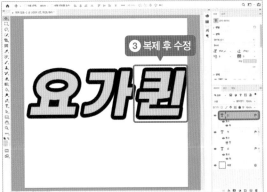

> ▶TIP 선택 중인 도구와 상관없이 문자 레이어의 섬네일을 더블 클릭하면 문자 내용을 변경할 수 있습니다. 또는 〈수평 문자 도구([T])〉를 선택한 후 캔버스에서 수정할 텍스트를 클릭하여 변경할 수 있습니다.

06 이제 이미지 추가를 고려하여 문자를 조금씩 겹쳐서 배치하겠습니다. 레이어 패널에서 ❶ [요], [가], [퀸]으로 레이어 배치 순서를 변경합니다. 도구 패널에서 ❷ 〈이동 도구([V])〉⊕를 선택하고 ❸ 레이어 패널에서 각 문자를 선택한 후 드래그해서 다음과 같이 레이아웃을 구성합니다.

 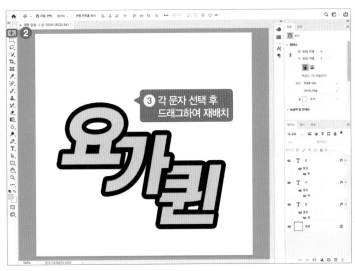

> ▶TIP 레이어를 선택한 후 방향키를 눌러 위치를 변경해도 됩니다. 방향키를 누르면 1픽셀씩, [Shift]와 함께 방향키를 누르면 10픽셀씩 옮길 수 있습니다.

🖌️ 사진 가공하여 배치하기

프로필에 맞는 문자를 멋지게 디자인했다면 이제 사진을 배치해야겠죠? 사용할 사진에는 불필요한 배경이 있어서 먼저 피사체만 남기고 배경을 제거한 후 활용해야 합니다.

01 ① [Ctrl]+[O]를 눌러 **예제_요가하는여자.jpg** 파일을 엽니다. 도구 패널에서 ② 〈빠른 선택 도구([W])〉 를 선택하고 옵션 패널에서 ③ [피사체 선택] 버튼을 클릭합니다. 포토샵에서 자동으로 피사체만 선택 영역으로 지정해줍니다.

> ▶ **TIP** [피사체 선택] 버튼은 포토샵 CC 버전부터 추가된 기능입니다.

02 선택 영역을 보면 100% 완벽하진 않습니다. 피사체를 따라 선택 영역을 정리하기 위해 ① 〈올가미 도구([L])〉 를 선택하고 옵션 패널에서 ② [선택 영역에 추가] 아이콘을 클릭합니다. ③ 화면을 확대하고 추가로 선택해야 할 영역을 드래그하는 과정을 반복해서 피사체 선택 영역을 자연스럽게 정리합니다.

03 선택 영역 정리를 마쳤다면 ❶ Ctrl + J 를 눌러 선택 영역을 별도의 레이어로 복제합니다. 그런 다음 ❷ 복제된 [레이어 1] 레이어에서 Ctrl + C 를 눌러 복사합니다. 작업 창 상단에서 ❸ [제목 없음] 탭을 클릭하여 작업 중이던 캔버스로 돌아와 ❹ Ctrl + V 를 눌러 붙여 넣습니다.

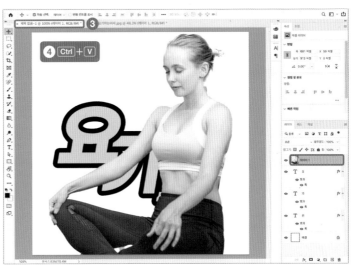

04 이미지의 크기와 위치를 조절해야 합니다. 레이어 패널에서 ❶ 이미지 레이어를 [배경] 레이어 바로 위로 드래그하여 옮깁니다. ❷ Ctrl + T 를 눌러 자유 변형을 실행한 후 ❸ 조절점을 드래그해서 크기를, 안 쪽을 드래그해서 위치를 조정하고 Enter 를 누릅니다.

05 문자와 잘 어울리게 배치했다면 끝으로 ❶ 〈지우개 도구(E)〉 를 선택한 후 문자 아래쪽으로 삐져 나온 부분을 ❷ 드래그해서 깨끗하게 정리합니다.

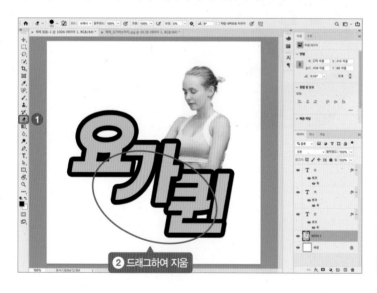

> ▶ **TIP** 〈지우개 도구〉나 〈브러시 도 구〉, 〈연필 도구〉 등은 [,] 를 눌러 크기를 조절할 수 있습니다. CapsLock 이 켜져 있으면 브러시 모양이 [+]로 표 시됩니다.

가독성을 살리는 그림자 추가하기

지금까지 한 작업만으로도 충분히 멋진 프로필 디자인이 완성됐습니다. 하지만 문자에 그림자를 추가하면 디자인의 주목성을 좀 더 끌어올릴 수 있습니다.

01 ❶ Ctrl 을 누른 채 모든 문자 레이어를 클릭해서 다중 선택하고 Ctrl + J 를 눌러 복제합니다. ❷ 복제된 레이어 위에서 [마우스 우클릭]한 후 ❸ [레이어 스타일 지우기] 메뉴를 선택하여 적용된 획 스타일을 제거합니다.

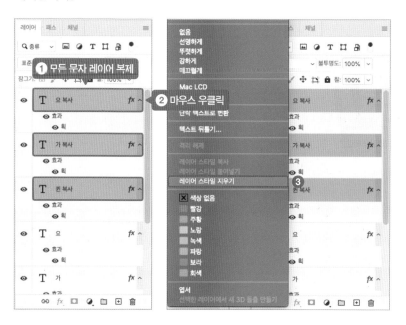

02 ❶ 복제된 3개의 문자 레이어가 선택된 상태로 레이어 패널 위에 있는 ❷ 속성 패널에서 **색상: #000000**을 적용합니다.

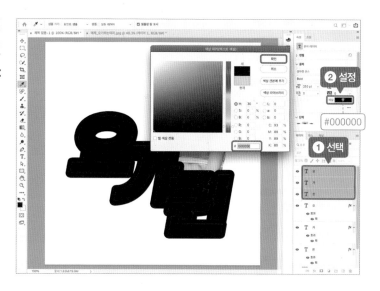

03 레이어 패널에서 ❶ 검은색으로 바꾼 3개의 문자 레이어를 원본 문자 레이어 아래로 드래그해서 옮깁니다. ❷ 〈이동 도구(V)〉 ✛를 선택한 후 ❸ Shift + → 를 2번, Shift + ↓ 를 3번 눌러 그림자처럼 표현합니다.

04 그림자처럼 위치를 옮겼다면 레이어 패널에서 ❶ **불투명도: 65%**를 적용하여 최종 디자인을 완성합니다. ❷ Ctrl + Shift + S 를 눌러 **파일 형식: PNG**를 적용하여 다른 이름으로 저장합니다.

엠블럼 스타일
프로필

포토샵에서 〈사용자 정의 모양 도구〉를 이용하면 기본으로 제공하는 수많은 모양을 클릭 한 번으로 손쉽게 그릴 수 있으며, 이런 모양만 잘 조합해도 멋진 레이아웃의 엠블럼을 완성할 수 있습니다. 자신을 표현할 수 있는 세상에 하나뿐인 특별한 엠블럼을 만들어 내 채널의 프로필로 활용해보세요.

- 완성 파일: 완성_BLUE RED.psd
- 사용 폰트: G마켓 산스
- 캔버스 크기: 800 × 800픽셀
- 포토샵 기능: 패스 따라 흐르는 문자, 사용자 정의 모양 도구
- 디자인 포인트: 원형 패스를 따라 흐르는 문자와 심벌을 이용한 독특한 문양 만들기
- 자주 쓰는 단축키: Ctrl + J 레이어 복사

▨ 결과 미리 보기

엠블럼 기본 형태 만들기

엠블럼을 만들 때는 대부분 삼각형이나 원형 등의 기본 형태를 정한 후 그 안에 심벌이나 문자를 활용하여 디자인합니다.
우리가 활용할 유튜브 프로필은 원형으로 표시되므로, 〈타원 도구〉를 이용해 상징적인 엠블럼 틀을 만든다면 동그랗게 잘
려지는 유튜브 프로필 영역의 특성에 맞게 보다 완성도 높은 구성을 할 수 있습니다.

01 ❶ Ctrl + N 을 눌러 새로 만들
기 문서 창을 엽니다. 사전 설정 유형
에서 ❷ [웹] 탭을 클릭한 후 ❸ 아무 문
서나 선택합니다. 세부 설정에서 ❹ 폭:
800픽셀, 높이: 800픽셀, 아트보드: 해체
를 적용하고 ❺ [만들기] 버튼을 클릭
합니다.

02 새로운 캔버스가 열리면 기본 배경을 만들기 위해 레이어 패널 하단에 보이는 ❶ [조정 레이어] 아
이콘을 클릭하고 ❷ [단색] 메뉴를 선택합니다. 색상 피커 창이 열리면 ❸ **색상: #d64846**을 적용하고 ❹ [확
인] 버튼을 클릭합니다.

▶ **TIP** 조정 레이어를 이용해 배경 색상을 채웠으므로, 언제든 조정 레이어의
섬네일을 더블 클릭하여 배경 색상을 변경할 수 있습니다.

03 엠블럼 기본 형태를 만들기 위해 도구 패널에서 ❶ 〈사각형 도구(U)〉□를 길게 눌러 〈타원 도구 (U)〉○를 선택합니다. 옵션 패널에서 ❷ **모양, 칠: #1e4a7e, 획: 없음**을 적용한 후 ❸ 캔버스에서 임의 영 역을 클릭합니다. 타원 만들기 창이 열리면 ❹ **폭: 650픽셀, 높이: 650픽셀**을 적용하고 ❺ [확인] 버튼을 클 릭합니다.

> ▶ **TIP** [칠]이나 [획] 옵션에서 색상 을 변경할 때는 [색상 피커]□ 아이콘 을 클릭하여 색상 값을 입력하고, 색상 을 사용하지 않을 때는 [색상 없음]□ 을 선택합니다.

> ▶ **TIP** 〈사각형 도구〉나 〈타원 도구〉 같은 모양 도구를 선택한 후 캔버스를 클릭하면 표시되는 만들기 창을 이용해 기본 형태를 만들어도 되지만, 직접 원 하는 크기만큼 드래그해도 됩니다.

04 지름 650픽셀인 정원이 그려졌습니다. ❶ 〈이동 도구(V)〉✛를 선택한 후 ❷ 정원을 드래그하여 캔 버스 정중앙으로 옮깁니다.

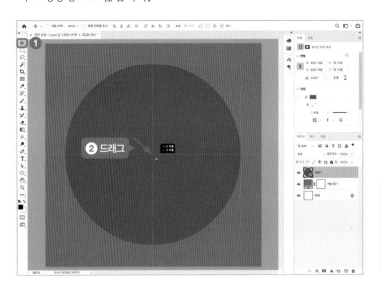

> ▶ **TIP** 모양을 드래그하면 고급 안내 선이 표시되어 손쉽게 원하는 위치로 옮 길 수 있습니다. 고급 안내선이 표시되 지 않으면 상단 메뉴에서 [보기-표시- 고급 안내선]을 선택하면 됩니다.

05 여러 개의 획(테두리)을 표현하기 위해 ❶ [타원 1] 레이어를 선택한 후 Ctrl+J를 눌러 복제합니다.
❷ 복제된 [타원 1 복사] 레이어의 섬네일을 더블 클릭하여 ❸ **색상: #f2d9c3**을 적용하고 ❹ [확인] 버튼을
클릭합니다.

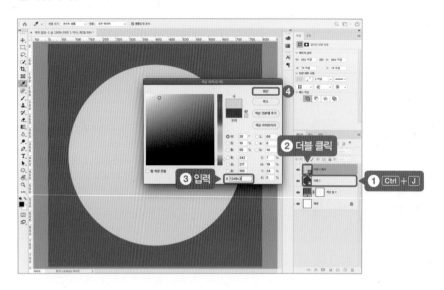

06 레이어 패널 위에 있는 속성 패널의 ❶ 변형 영역에서 ❷ **폭: 610픽셀, H: 610픽셀**을 적용합니다. 크기
가 줄면서 위치가 변경됩니다. ❸ 〈이동 도구(V)〉를 선택한 후 ❹ 정중앙에 배치합니다.

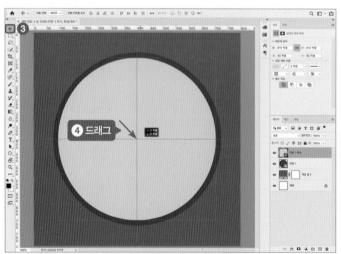

▶ **TIP** 속성 패널에서 [연결] 아이콘을 클릭하여 활성화하면 크기를 변경할 때 원본 비율이 유지됩니다. 그러므
로 폭이나 높이 중 한쪽 옵션 값을 변경하면 나머지 옵션 값이 자동으로 변경됩니다.

07 계속해서 ❶ 맨 위에 있는 타원 레이어를 복제(Ctrl+J)한 후 ❷ 색상: #1e4a7e, 폭: 570픽셀, H: 570픽셀을 적용합니다. ❸ 〈이동 도구(V)〉 ⊕를 선택한 후 ❹ 정중앙으로 옮깁니다.

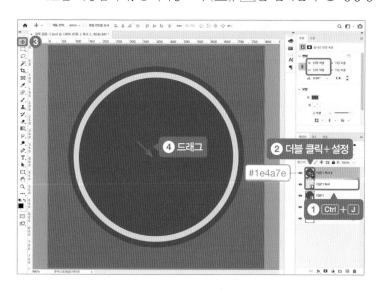

08 이번에는 문자가 들어갈 공간을 만들기 위해 크기를 대폭 줄이겠습니다. ❶ 맨 위에 있는 타원 레이어를 복제(Ctrl+J)한 후 ❷ 색상: #f2d9c3, 폭: 350픽셀, H: 350픽셀을 적용하고 ❸ 중앙에 배치합니다. 마지막으로 ❹ 타원 레이어를 하나 더 복제한 후 ❺ 색상: #1e4a7e, 폭: 310픽셀, H: 310픽셀을 적용하고 ❻ 중앙에 배치해서 엠블럼 기본 틀을 완성합니다.

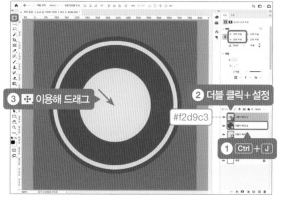 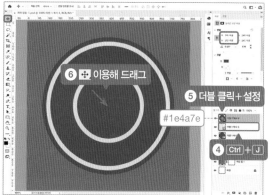

모양을 따라 흐르는 형태로 문자 입력하기

모양 도구를 활용해 정원 형태의 기본 틀을 완성했습니다. 이제 다양한 심볼 이미지와 문자를 조합하여 엠블럼을 완성하면 됩니다. 우선 엠블럼 내의 획과 같은 형태로 문자를 입력하겠습니다.

01 ❶ 〈수평 문자 도구(T)〉 T 를 선택하고 ❷ 문자 패널에서 ❸ **글꼴: G마켓 산스(Bold), 크기: 70pt, 자간: 200pt, 색상: #f2d9c3**을 적용한 후, 옵션 패널에서 ❹ [텍스트 중앙 정렬] 아이콘을 클릭합니다. 레이어 패널에서 ❺ 안쪽에서 두 번째에 해당하는 [타원 1 복사 3] 레이어를 선택합니다.

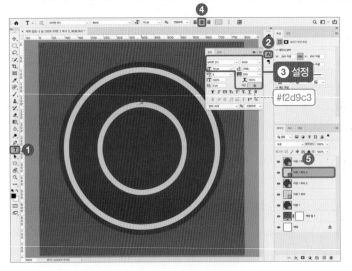

> ▶ **TIP** 상단 메뉴에서 [창–문자]를 선택해서 문자 패널을 열 수 있습니다.
>
> ▶ **TIP** 레이어 패널에서 각 레이어가 캔버스에서 어떤 이미지인지 파악하려면 해당 레이어에 있는 눈 모양 👁 아이콘을 클릭해서 가렸다 표시하기를 반복해보세요.
>
> 👁 🔲 타원 1 복사 3

02 캔버스에서 안쪽에 있는 연한 주황색 테두리로 마우스 커서를 옮깁니다. 마우스 커서 모양이 물결 모양 으로 바뀌면 ❶ 클릭한 후 **BLUE RED**를 입력하고 ❷ Ctrl + Enter 를 눌러 마칩니다.

모양 도구로 그린 도형은 패스로 이루어져 있으며 문자 도구를 선택한 후 클릭한 위치에 따라 문자 입력 형태도 달라집니다. 이때 마우스 커서의 모양을 보면 쉽게 구분할 수 있습니다.

- **사각형 테두리 커서(Ⅰ):** 가장 보편적인 문자 입력 형태입니다. 캔버스에서 현재 선택 중인 모양 레이어 이외의 영역을 클릭하여 자유롭게 문자를 입력할 수 있습니다.
- **물결 모양 커서(Ⅰ):** 패스를 따라 흐르는 문자 입력 형태입니다. 캔버스에서 현재 선택 중인 모양 레이어의 테두리 부분을 클릭하면 실습처럼 패스를 따라 흐르는 문자를 입력할 수 있습니다.
- **원형 테두리 커서(Ⅰ):** 모양 영역 안으로 문자를 입력하는 형태입니다. 캔버스에서 선택 중인 모양 레이어 안쪽을 클릭하면 모양 레이어의 형태가 문자 입력 영역이 됩니다.

▲ 패스 따라 입력하기

▲ 모양 영역 안으로 입력하기

> **TIP** [Shift]를 누른 채 모양 위를 클릭하면 선택 중인 레이어의 모양과 상관없이 클릭한 위치에서 자유롭게 텍스트를 입력할 수 있습니다.

03 입력한 문자의 위치를 바꾸려면 패스를 조정해야 합니다. ❶ 〈패스 선택 도구([A])〉▶를 선택한 후 ❷ 캔버스에서 입력한 문자를 좌우로 드래그하여 상단 중앙으로 옮기고 ❸ [Enter]를 눌러 마칩니다.

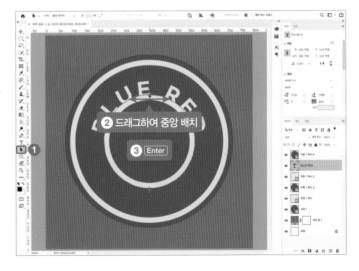

04 ❶ Ctrl + T 를 눌러 자유 변형을 실행하고 ❷ Alt 를 누른 채 조절점을 바깥쪽으로 드래그하여 문자 영역에 맞춰 크기를 조절한 후 ❸ Enter 를 눌러 마칩니다.

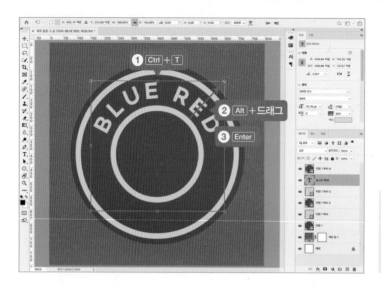

> ▶ **TIP** 자유 변형 상태에서 Alt 를 누른 채 조절점을 드래그하면 현재 위치에서 중앙을 고정한 채 크기를 변경할 수 있습니다.

05 계속해서 아래쪽에 문자를 추가하겠습니다. ❶ 〈수평 문자 도구(T)〉 T 를 선택한 후 레이어 패널에서 ❷ 중간에 있는 파란색 원형인 [타원 1 복사 2] 레이어를 선택합니다. ❸ 선택 중인 파란색 원형의 테두리에서 물결 모양 커서가 표시되면 클릭하고 ❹ SWEET HOME을 입력한 후 Ctrl + Enter 를 눌러 마칩니다.

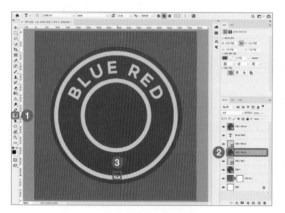
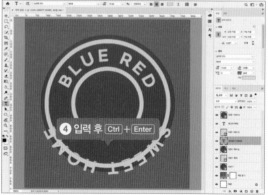

06 문자의 위치가 뒤집혀서 입력되었습니다. ❶ 〈패스 선택 도구(A)〉🔽를 선택한 후 ❷ 'SWEET HOME' 문자를 위로 살짝 드래그해서 상하 반전시키고 ❸ 좌우로 드래그해서 하단 중앙에 배치한 후 ❹ Enter를 눌러 마칩니다.

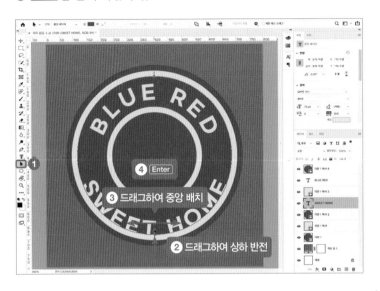

07 ❶ Ctrl+T를 눌러 자유 변형을 실행한 후 ❷ Alt를 누른 채 조절점을 드래그하여 문자 영역에 배치한 후 ❸ Enter를 눌러 마칩니다. ❹ 문자 패널에서 ❺ **자간: 300**을 적용하여 문자 간격을 조정해 완성합니다.

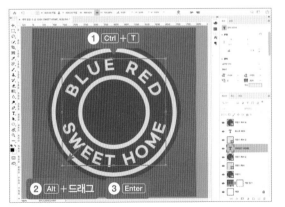 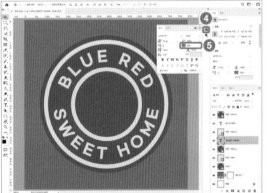

▶ **TIP** 자간은 문자와 문자 사이 간격을 조절하는 옵션으로 비어 있는 공간을 알맞게 맞출 수 있습니다. 예제에서는 'BLUE RED'와 'SWEET HOME' 사이에 각각 도형 하나씩 넣을 정도만 남기기 위해 자간을 조절했습니다.

🖌️ 모양 추가하기

〈사용자 정의 모양 도구〉에는 사용자가 클릭 한 번으로 그릴 수 있는 다양한 모양이 기본으로 제공됩니다. 이 모양을 활용하면 더욱 멋진 엠블럼을 완성할 수 있습니다.

01 실습에서는 레거시(이전 버전) 모양을 사용하겠습니다. 레거시 모양을 추가하기 위해 상단 메뉴에서 ❶ [창-모양]을 선택하여 모양 패널을 열고 ❷ 우측 상단의 [옵션] ▦ 아이콘을 누른 후 ❸ [레거시 모양 및 기타]를 선택합니다.

> ▶ **TIP** 최신 버전의 포토샵에는 레거시(이전 버전) 심벌 모양이 빠져 있으므로, 사용하려면 별도로 추가해야 합니다. 실습처럼 모양 패널을 열고 레거시 모양을 추가할 수 있으며, 같은 방법으로 브러시 패널에서 레거시 브러시를 추가할 수도 있습니다.

02 도구 상자에서 ❶ 〈사용자 정의 모양 도구(U)〉 🔖 를 선택한 후 옵션 패널에서 ❷ 칠: (임의 색상), 획: 색상 없음, 모양: 레거시 모양 및 기타-모든 레거시 기본 모양-레거시 기본 모양-꽃 5를 설정합니다.

> ▶ **TIP** 모양 팝업 창(패널)에서 표시되는 모양의 표시 방식이 위와 다를 때는 우측 상단 톱니 바퀴 모양의 [옵션] ⚙ 아이콘을 클릭한 후 [큰 축소판]을 선택해보세요.

03 ❶ 캔버스에서 정중앙을 클릭한 후, 클릭한 곳을 중심으로 모양을 그릴 수 있는 Alt와 비율을 맞춰주는 Shift를 동시에 누른 채 드래그해서 '꽃 5' 모양을 그립니다. 레이어 패널에서 ❷ [꽃 5 1] 레이어를 드래그해서 최상단으로 옮깁니다.

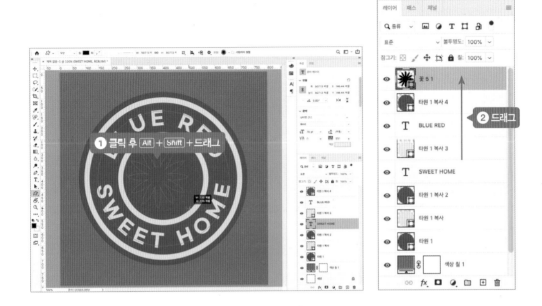

> ▶TIP 모양을 그릴 때 처음부터 위치나 크기를 정확하게 그릴 필요는 없습니다. 만들고 나서 언제든 Ctrl + T를 눌러 자유 변형을 실행한 후 쉽게 변경할 수 있습니다.

04 '꽃 5' 모양이 캔버스 정중앙에 표시되었으면, 레이어 패널에서 ❶ [꽃 5 1] 레이어의 섬네일을 더블 클릭합니다. 색상 피커 창이 열리면 ❷ **색상: #d64846**을 적용한 후 ❸ [확인]을 클릭합니다.

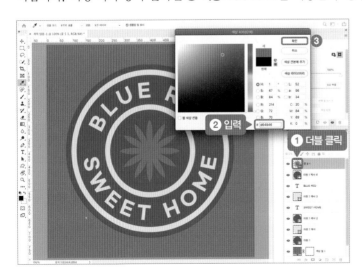

> ▶TIP 모양을 그리기 전 옵션 패널에서 [칠] 옵션을 미리 설정해놓아도 됩니다. 하지만 어떤 색상을 사용할지 정해지지 않았다면 임의의 색으로 그린 후 언제든 섬네일을 더블 클릭해서 색상을 변경할 수 있습니다.

05 ❶ 〈사용자 정의 모양 도구(U)〉 ⟨img⟩를 선택하고 옵션 패널에서 ❷ **모양: 레거시 모양 및 기타-모든 레거시 기본 모양-레거시 기본 모양-하트 모양 카드**를 적용합니다. ❸ Alt + Shift 를 누른 채 문자 사이의 공간에서 드래그하여 적당한 크기의 하트 모양을 그립니다.

06 ❶ Ctrl + J 를 눌러 하트 모양 레이어를 복제합니다. ❷ 〈이동 도구(V)〉 ⟨img⟩를 선택한 후 ❸ 수평으로 옮기기 위해 Shift 를 누른 채 반대편으로 드래그해서 하트를 배치하여 디자인을 완성합니다. ❹ Ctrl + Shift + S 를 눌러 **파일 형식: PNG**를 적용하여 최종 결과물을 저장합니다.

LESSON 04 | 나만의 캐릭터를 활용한 프로필

포토샵을 활용하면 그림을 잘 그리지 못해도 자신의 사진을 활용하여 나만의 캐릭터를 그릴 수 있습니다. 〈브러시 도구〉를 이용하여 따라 그리기만 하면 됩니다. 예제 파일을 이용하여 연습해보고 실제 자신의 사진으로 멋진 캐릭터를 만들어보세요.

- 완성 파일: 완성_마르커스.psd
- 예제 파일: 예제_마르커스.jpg
- 캔버스 크기: 800×800픽셀
- 포토샵 기능: 브러시 도구, 조정 레이어
- 디자인 포인트: 실제 사진을 보며 포인트를 살린 캐릭터 그리기

 동영상 강의

결과 미리 보기

사진 보고 외형 따라 그리기

그림을 잘 그리는 숙련자라면 사진을 손에 들고 보면서도 멋지게 뚝딱 따라 그릴 수 있겠지요? 하지만 우리는 그 정도 실력이 아니니, 사진을 밑에 깔고 따라 그리면 됩니다. 사진에서 포인트가 되는 부분만 간결하게 살려 외형을 그려보세요.

01 ❶ Ctrl+N을 눌러 새로 만들기 문서 창을 엽니다. 상단 사전 설정 유형에서 ❷ [웹] 탭을 클릭한 후 세부 설정에서 ❸ 폭: 800픽셀, 높이: 800픽셀, 아트보드: 해제를 적용하고 ❹ [만들기] 버튼을 클릭합니다.

> ▶ **TIP** [웹] 탭에 있는 사전 설정 문서에는 웹에 업로드하는 데 최적화된 [색상 모드: RGB 색상, 해상도: 72픽셀/인치]가 적용되어 있습니다.

02 상단 메뉴에서 ❶ [파일 – 포함 가져오기]를 선택한 후 **예제–마르커스.jpg** 파일을 불러옵니다. ❷ 자유 변형 상태에서 ❸ 조절점을 드래그하여 크기를 키우고 ❹ 사진 안쪽을 드래그하여 얼굴이 캔버스 중앙에 오도록 배치한 후 ❺ Enter를 눌러 마칩니다.

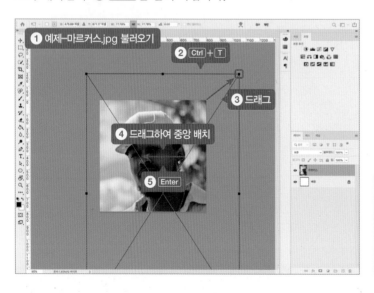

> ▶ **TIP** 조절점을 바깥쪽으로 드래그하여 크기를 키우다 보면 화면 크기에 따라 조절점이 보이지 않을 수 있습니다. 이럴 때는 Ctrl+-를 눌러 화면을 축소하면 됩니다.

03 레이어 패널의 [마르커스] 레이어에서 ❶ **불투명도: 50%**를 적용합니다. 이어서 브러시로 그림을 그릴 별도의 레이어를 추가하기 위해 레이어 패널 하단의 ❷ [새 레이어 만들기] ⊞ 아이콘을 클릭합니다. 마치 사진 위에 투명한 종이를 놓고 따라 그리는 것과 같은 환경을 만들었습니다.

04 ❶ 〈브러시 도구(B)〉 ✐를 선택하고 도구 패널 맨 아래에 있는 ❷ [기본 전경색과 배경색(D)] ◧ 아이콘을 클릭해서 기본 설정인 **전경색: 검정, 배경색: 흰색**을 적용합니다. 옵션 패널에서 ❸ 브러시 모양 [옵션]을 클릭한 후 팝업 창에서 ❹ **모양: 일반 브러시−선명한 원, 크기: 15픽셀, 경도: 100%**를 적용합니다.

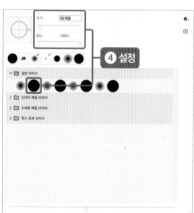

브러시 모양 팝업 창(브러시 패널)에 표시되는 브러시 모양이 앞의 실습 이미지와 다르게 보인다면 창 우측 상단에 있는 톱니바퀴 모양의 [옵션]⚙ 아이콘을 클릭하여 변경할 수 있습니다. 실습에서는 [브러시 끝] 메뉴에만 체크하여 브러시의 단면만 표시된 상태입니다.

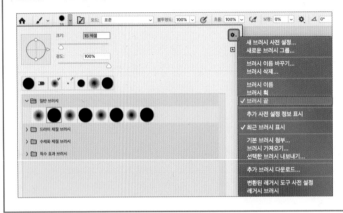

05 이제 캐릭터를 그릴 준비가 다 끝났습니다. 외곽선을 따라 모자, 얼굴, 귀 순서로 그립니다. 손 떨림이 심하다면 브러시 옵션 패널에서 **보정** 옵션 값을 높인 후 다시 그립니다.

▶TIP 브러시 옵션 패널에서 [보정] 옵션 값을 [100%]에 가깝게 적용할수록 손 떨림이 보정되는 부드러운 브러시를 적용할 수 있습니다. 실습에서는 [보정: 40%]을 적용하여 손 떨림을 살짝만 보정하였습니다.

따라 그리는 것도 실수가 있을 수 있고, 어느 부분에서는 마음에 들지 않을 수 있습니다. 이럴 때는 그리던 레이어를 삭제한 후 다시 그릴 것이 아니라 Ctrl+Z를 눌러 이전 단계로 돌아갈 수 있습니다. 또는 〈지우개 도구(E)〉를 선택하여 마음에 들지 않는 부분만 드래그해서 지운 후 다시 그려도 좋습니다.

06 외형을 다 따라 그렸다면 작업하기 편하도록 화면을 확대한 다음 수염과 머리카락 부분을 드래그해서 색을 채웁니다. 색을 채울 때 브러시 옵션 패널에 **보정** 옵션 값이 적용되어 있으면 불편할 수 있으므로 **보정: 0%**를 적용하는 것이 좋습니다.

드래그하여 색 채움

▶TIP 브러시를 사용 중에 [ ], [ ]를 눌러 간편하게 브러시 크기를 변경할 수 있습니다. 또한 [CapsLock]이 켜져 있으면 브러시 커서가 브러시 모양이 아닌 [+] 모양으로 바뀝니다.

표정 추가하여 느낌 살리기

외형 라인을 다 그렸으니 이번에는 캐릭터의 표정을 추가해보겠습니다. 눈, 코, 입 등을 실제 사진과 똑같이 그리면 재미가 없습니다. 캐릭터임을 생각해서 최대한 간결하고 상징적으로 표현하는 것이 좋습니다.

01 ❶ 〈브러시 도구(B)〉 ✏가 선택된 상태에서 옵션은 최초 설정과 동일하게 ❷ 모양: 선명한 원, 크기: 15픽셀, 보정: 40%를 적용합니다. 일자 눈썹을 표현하기 위해 ❸ 시작 부분을 클릭한 후 이어서 ❹ [Shift]를 누른 채 눈썹의 끝부분을 클릭합니다. 클릭한 지점이 직선으로 연결됩니다. ❺ ❻ 반대편 눈썹도 같은 방법으로 그립니다.

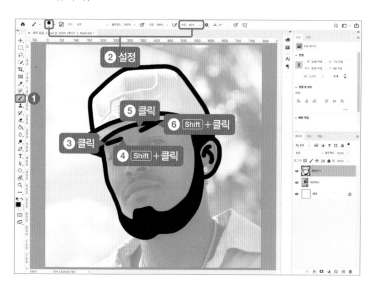

▶TIP 브러시로 직접 드래그해서 눈썹을 그려도 됩니다. 하지만 캐릭터는 포인트를 강조하거나 과장하는 것이 더 재미있습니다. 그래서 일직선으로 표현했습니다. 직선을 그리고 싶다면 실습처럼 한 점을 클릭한 후 [Shift]를 누른 채 끝 점을 클릭하면 됩니다.

02 이번엔 눈을 그리겠습니다. ❶ ⓘ를 2번 눌러서 브러시 크기를 **25픽셀**로 변경합니다. ❷ 눈썹을 그린 것과 같은 방법(클릭 후 [Shift]+클릭)으로 이번에는 눈을 세로 방향으로 길게 표현합니다. ❸ ⓘ를 2번 눌러 브러시 크기를 **15픽셀**로 변경한 후 ❹ 코, 수염, 입을 드래그해서 표현합니다. 통일성을 주기 위해 브러시 크기는 대부분 15픽셀로 작업했으며, 필요에 따라 채우거나 지우면서 캐릭터를 완성합니다.

🖌 배경 추가 및 색상 변경하기

실질적인 캐릭터 그리기는 끝났습니다. 마지막으로 프로필로 활용하기에 적합하도록 배경을 추가하고, 색상을 변경하여 완성도를 높이기만 하면 됩니다.

01 배경을 만들기 위해 레이어 패널 하단의 ❶ [조정 레이어] ◑ 아이콘을 클릭하고 ❷ [단색] 메뉴를 선택합니다. 색상 피커 창이 열리면 ❸ **색상: #f2f2f2**를 적용하고 ❹ [확인] 버튼을 클릭합니다. 단색 조정 레이어가 맨 위에 추가되어 캐릭터가 가려졌습니다.

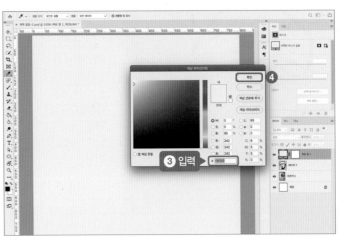

02 ❶ 레이어 패널에 추가된 [색상 칠 1] 레이어를 캐릭터가 그려진 [레이어 1] 아래로 드래그하여 순서를 변경합니다. 단색 배경에 캐릭터 드로잉이 깔끔하게 표시됩니다. 캐릭터 색을 변경하기 위해 레이어 패널에서 ❷ 캐릭터가 그려진 [레이어 1] 레이어의 오른쪽 여백을 더블 클릭합니다.

03 레이어 스타일 창이 열리면 ❶ [색상 오버레이]를 선택한 후 ❷ **색상: #3166ff**를 적용하여 디자인을 마무리하고 ❸ Ctrl + Shift + S 를 눌러 **파일 형식: PNG**를 적용하여 저장합니다.

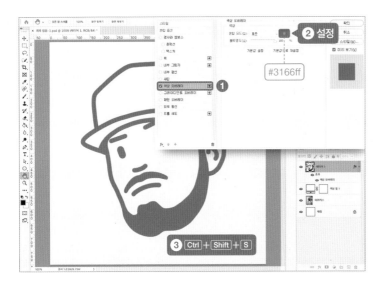

LESSON 05 | 나를 그대로 보여주는 사진 프로필

오래된 맛집의 간판을 보면 주인의 실제 사진이 걸려 있는 걸 종종 볼 수 있습니다. 이렇게 사진을 전면에 내보이면 신뢰감을 높이는 요인이 됩니다. 사진은 자신을 표현할 수 있는 가장 직관적인 방법 중 하나죠! 단순한 인물 사진을 눈에 띄는 프로필 디자인으로 만들어보겠습니다.

- 완성 파일: 완성_angel.psd
- 예제 파일: 예제_angel.jpg
- 사용 폰트: KCC–김훈체
- 캔버스 크기: 800 × 800픽셀
- 포토샵 기능: 선택 및 마스크, 배경 제거하기
- 디자인 포인트: 머리카락을 포함하여 인물 피사체만 깔끔하게 잘라낸 후 입체감 표현하기

🖥 결과 미리 보기

🖌 피사체와 배경 분리하기

실제 사진에서 배경을 분리할 때 풀어 헤친 머리카락이 많을수록 난이도는 올라갑니다. 실습을 따라 하면서 100% 완벽하진 않아도 최대한 정교하게 이미지에서 배경을 제거해봅시다.

01 ❶ Ctrl+O를 눌러 예제_angel.jpg 파일을 열고 도구 패널에서 ❷ 〈빠른 선택 도구(W)〉 ☑️를 선택합니다. 옵션 패널에서 ❸ [피사체 선택] 버튼을 클릭한 다음 ❹ [선택 및 마스크] 버튼을 클릭하여 선택 및 마스크 모드를 실행합니다.

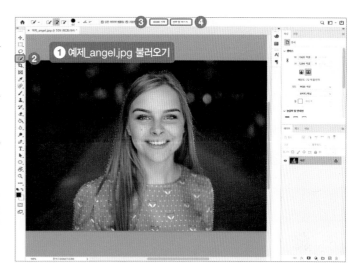

> ▶TIP [피사체 선택] 버튼을 클릭하면 자동으로 피사체를 인식하여 인물 주변으로 선택 영역이 지정됩니다. 하지만 머리카락 주변으로 선택되지 않은 부분들이 보이므로, 좀 더 완벽하게 선택 영역을 지정하기 위해 선택 및 마스크 모드를 실행합니다.

02 선택 및 마스크 모드가 실행되면 선택 영역만 도드라지게 표현됩니다. 우측에 있는 속성 패널에서 **보기: 오버레이, 불투명도: 60%, 색상: (빨강 계열)**을 적용합니다. 캔버스를 보면 선택 영역인 피사체를 제외한 배경이 빨갛게 표시됩니다.

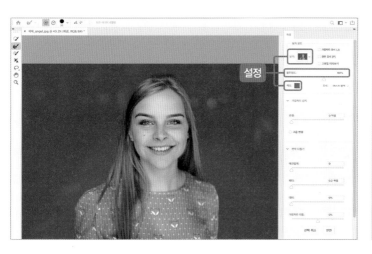

> ▶TIP [보기] 옵션에는 선택 영역과 배경을 어떻게 구분해서 표현할지 선택할 수 있는 다양한 모드가 있습니다. 상황에 따라 잘 사용하면 좀 더 편하게 선택 영역을 지정할 수 있습니다.

03 머리카락 경계선을 다듬기 위해 도구 패널에서 두 번째에 있는 ① 〈가장자리 다듬기 브러시 도구(R)〉를 선택한 후 ② []나 []를 눌러 브러시 크기를 적당히 조절합니다. ③ 캔버스에서 선택 영역으로 추가할 머리카락 경계선 부분, 어깨와 머리카락 사이의 선택 영역에서 제외할 부분을 드래그하여 자연스럽게 다듬습니다.

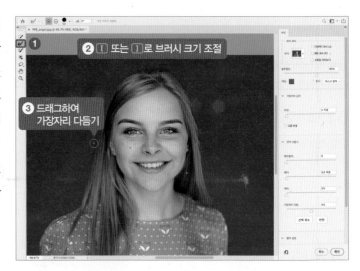

▶ TIP 속성 패널에서 [불투명도] 옵션 값을 [0%], [100%]로 조절하여 원본 이미지와 빨간색으로 확연하게 구분된 화면을 비교하면서 자연스럽게 가장자리를 다듬습니다.

04 가장자리 다듬기가 끝나면 속성 패널 맨 하단에 있는 ① 출력 설정 영역을 펼친 후 ② **출력 위치: 새 레이어**를 적용하고 ③ [확인] 버튼을 클릭합니다.

우디노트 | 출력 위치가 뭔가요?

작업 중이던 캔버스로 되돌아갈 때 선택 및 마스크 모드에서 보정한 결과물을 어떻게 처리할지 선택하는 옵션입니다. 옵션 값에서 [선택]을 선택하면 보정한 결과물이 그대로 선택 영역으로만 지정되며, [레이어 마스크]를 선택하면 지정한 선택 영역만큼 레이어 마스크가 적용되고, [새 레이어]를 선택하면 선택 영역이 새로운 레이어에 복제됩니다. 상황에 따라 출력 위치를 잘 지정하면 이후 추가로 작업할 과정을 바로 해결할 수 있습니다.

05 선택 및 마스크 모드가 종료되면서 가장자리를 다듬은 피사체(인물) 부분만 투명한 바탕에 새로운 레이어(배경 복사)로 복제되었습니다. 이제 배경과 분리한 인물 사진을 프로필 디자인에 사용하기 위해 Ctrl +C를 눌러 레이어를 복사합니다.

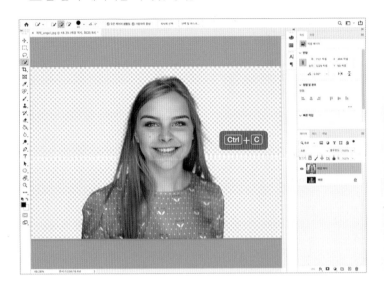

▶TIP 포토샵에서 배경이 바둑판처럼 보이는 곳은 색상이 없는 투명한 영역이며, 이를 알파(alpha) 영역이라 부릅니다. 알파 영역은 PNG, GIF 또는 포토샵의 원본 파일인 PSD에서만 지원합니다.

🖌 새로운 문서에서 사진 프로필 꾸미기

인물 사진에서 배경을 자연스럽게 분리했으니 이제 본격적으로 프로필 디자인을 시작합니다. 깔끔한 배경을 추가하고 그림자와 문자를 추가해 입체감이 느껴지는 디자인을 완성해보겠습니다.

01 ❶ Ctrl +N을 눌러 새로 만들기 문서 창을 열고, 상단 사전 설정 유형에서 ❷ [웹] 탭을 선택합니다. 상세 설정에서 ❸ **폭: 800픽셀, 높이: 800픽셀, 아트보드: 해제**를 적용하고 ❹ [만들기] 버튼을 클릭합니다.

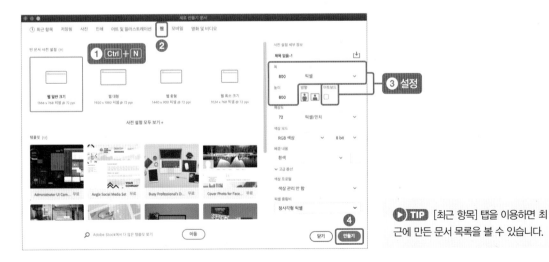

▶TIP [최근 항목] 탭을 이용하면 최근에 만든 문서 목록을 볼 수 있습니다.

02 새로운 캔버스가 열리면 ❶ Ctrl+V를 눌러 복사한 피사체 레이어를 붙여 넣고 ❷ Ctrl+T를 눌러 자유 변형을 실행합니다. 유튜브 프로필은 원형으로 잘려서 표현되는 걸 고려하여 ❸ 인물 사진의 크기와 위치를 조절한 후 Enter를 눌러 마칩니다.

> ▶ **TIP** 화면이 너무 확대되어 있으면 자유 변형 조절점이 보이지 않을 수 있습니다. 이럴 때는 Ctrl+－를 눌러 화면을 축소한 후 변형하세요. 조절점을 드래그하여 크기를, 이미지 안쪽을 드래그하여 위치를 조절할 수 있습니다.

03 배경을 만들기 위해 레이어 패널 하단의 ❶ [조정 레이어] 🔘 아이콘을 클릭한 후 [단색] 메뉴를 선택합니다. 색상 피커 창이 열리면 ❷ **색상: #ffb400**을 적용하고 ❸ [확인] 버튼을 클릭합니다. 레이어 패널에서 ❹ [배경 복사] 레이어 아래로 드래그하여 배치합니다.

04 인물 사진을 부각시키면서 입체감을 표현할 그림자를 추가하기 위해 ❶ [배경 복사] 레이어를 선택하고 Ctrl + J 를 눌러 복제합니다. ❷ 복제된 [배경 복사 2] 레이어의 섬네일 부분을 Ctrl 을 누른 채 클릭하여 선택 영역을 지정한 후 ❸ Alt + Delete 를 눌러 전경색을 채웁니다.

> **▶ TIP** Ctrl 을 누른 채 레이어의 섬네일을 클릭하면 해당 레이어에 이미지만큼 선택 영역이 지정됩니다.

05 ❶ Ctrl + D 를 눌러 선택 영역을 해제하고 레이어 패널에서 ❷ [배경 복사] 아래로 레이어를 드래그하여 순서를 옮긴 후 ❸ **불투명도: 50%**를 적용합니다. ❹ 〈이동 도구(V)〉를 선택한 후 ❺ Shift 를 누른 채 오른쪽으로 살짝 드래그하여 조명에 비친 그림자처럼 표현합니다.

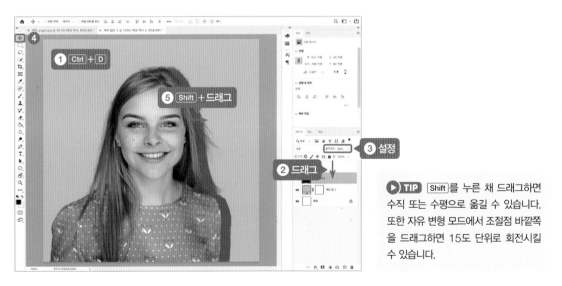

> **▶ TIP** Shift 를 누른 채 드래그하면 수직 또는 수평으로 옮길 수 있습니다. 또한 자유 변형 모드에서 조절점 바깥쪽을 드래그하면 15도 단위로 회전시킬 수 있습니다.

06 ❶ 〈수평 문자 도구(T)〉 T 를 선택하고 ❷ 옵션 패널이나 문자 패널에서 ❸ **글꼴: KCC-김훈체, 크기: 250pt, 색상: #ffde00**을 적용합니다. ❹ 캔버스를 클릭하여 **Angel**을 입력하고 Ctrl + Enter 를 눌러 마칩니다. 레이어 패널에서 ❺ [Angel] 문자 레이어를 배경인 [색상 칠 1] 레이어 바로 위쪽으로 드래그해서 옮기면 그림자 밑으로 표시됩니다.

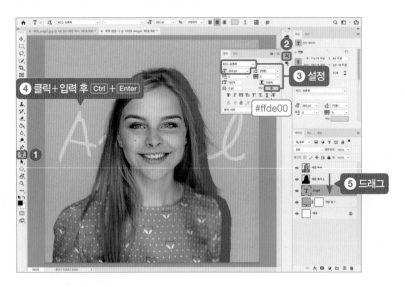

07 ❶ Ctrl + T 를 눌러 자유 변형을 실행한 후 ❷ 캔버스에서 'Angel' 문자에 있는 조절점 바깥쪽에서 드래그하여 살짝 회전시킵니다. ❸ 문자 안쪽에서 드래그하거나 방향키를 눌러 세부적인 위치를 수정하고 Enter 를 눌러 디자인을 마칩니다. ❹ Ctrl + Shift + S 를 눌러 **파일 형식: PNG**로 최종 결과물을 저장합니다.

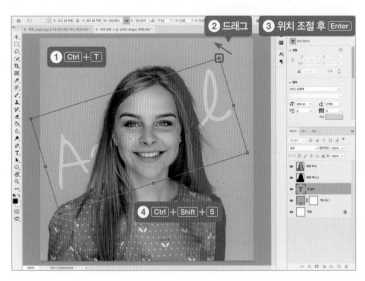

▶ TIP 유튜브 프로필 영역은 실제로 업로드하면 동그랗게 잘려서 표현됩니다. 그러므로 잘려질 영역을 생각하며 디자인하는 것이 좋습니다. 완성 파일에 있는 [프로필 영역 가이드] 레이어를 활용해 업로드했을 때의 결과를 미리 확인해보세요.

CHAPTER 03

유튜브 배너 꾸미기

프로필 디자인을 마쳤다면 이제 내 채널의 대문과 같은 배너를 디자인해야겠죠?
유튜브 배너는 2020년 10월 전후로 채널아트에서 배너라는 명칭으로 변경되었습니다.
유튜브를 운영할 때 영상 이외에 보여지는 디자인 영역 중 가장 큰 부분인 만큼
내 채널을 잘 표현할 수 있는 멋진 배너를 완성해보세요.

배너 디자인 전 알고 가기

▶ 동영상 강의

유튜브 배너 디자인의 기본 조건

유튜브 배너를 디자인하려면 다음과 같이 유튜브에서 안내하는 배너 이미지 관련 기준을 충족해야 합니다.

- **업로드 최소 크기:** 가로와 세로 비율이 16:9인 2048×1152픽셀
- **텍스트 및 로고가 잘리지 않는 최소 크기:** 1235×338픽셀 이외의 부분은 특정 뷰 또는 기기에서 잘릴 수 있음
- **파일 크기:** 6MB 이하

기기마다 다른 배너 디자인 영역

유튜브 배너 영역은 TV, 컴퓨터, 태블릿, 스마트폰 등 다양한 디바이스에서 표시되는 부분이 조금씩 다릅니다. 따라서 최대 디자인 영역은 가장 큰 TV 영역을 기준으로 작업하고, 최소 디자인 영역은 가장 작은 스마트폰 영역을 기준으로 작업합니다.

아래 가이드라인은 유튜브에서 제공하는 것입니다. 디바이스별 영역이 구분되어 있으며, 가장 중요한 영역은 어떠한 디바이스에서도 디자인이 잘리지 않고 보이는 안전 영역(TEXT AND LOGO SAFE AREA)입니다. 그러므로 배너를 디자인할 때는 가이드라인 파일을 불러온 후 꼭 보여야 할 디자인은 항상 안전 영역에 배치되도록 디자인해야 합니다.

▲ 유튜브 배너 가이드

이후로 실습에서 디자인할 배너는 2020년 10월 전후로 변경된 유튜브 배너 디자인 업로드 최소 크기인 2048×1152픽셀보다 약간 큰 2560×1440픽셀로 하고, 안전 영역은 1546×423픽셀을 기준으로 디자인합니다. 이렇게 하는 이유는 기준 비율을 충족한 배너 이미지를 만들어 유튜브에 적용했을 때 발생할 수도 있는 해상도 저하를 조금이라도 방지하기 위함입니다.

완성한 배너 디자인 적용하기

완성한 배너 디자인을 등록하려면 유튜브 스튜디오(https://studio.youtube.com/)에 접속해야 합니다.

01 유튜브 스튜디오에서 ❶ [맞춤설정−브랜딩] 탭으로 이동한 후 ❷ 배너 이미지 항목에서 [업로드] 혹은 [변경]을 클릭하고 완성한 디자인을 선택합니다.

02 배너 아트 맞춤설정 창이 열리면 디바이스별 표시되는 결과를 확인할 수 있습니다.

▲ 왼쪽부터 순서대로 PC, 태블릿, 스마트폰에서 표시되는 배너 영역

LESSON 01

초간단 타이포그래피 배너

배너는 유튜브에서 가장 큰 디자인 영역입니다. 디자인할 수 있는 캔버스가 넓으니 복잡하고 다양한 오브젝트를 활용하는 것이 좋을까요? 그렇지 않습니다. 화려하고 다양하게 꾸민 디자인보다는 간단한 디자인이 의미를 더 잘 전달할 때도 있습니다. 문자를 활용한 심플한 타이포그래피로 배너를 디자인해보겠습니다.

- 완성 파일: 완성_우디티비.psd
- 예제 파일: 유튜브배너가이드.psd
- 사용 폰트: 배달의민족 도현
- 캔버스 크기: 2560 × 1440픽셀
- 주요 사용 기능: 조정 레이어, 자유 변형 반복, 레이어 스타일, 안내선 및 눈금자
- 디자인 포인트: 가독성 좋은 입체 표현하기

▶ 동영상 강의

 결과 미리 보기

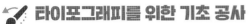

타이포그래피를 위한 기초 공사

유튜브 배너 디자인의 시작인 만큼 가장 쉽고 간단하게 만들 수 있는 타이포그래피를 활용합니다. 채널과 잘 어울리는 배경 색상에 적절한 서체를 사용하여 채널 이름을 입력하는 기초 디자인을 만듭니다.

01 포토샵을 실행하고 Ctrl+O를 눌러 **유튜브배너가이드.psd** 예제 파일을 불러옵니다. 예제 파일에는 유튜브 배너 디자인을 위한 [가이드] 레이어와 디자인이 잘리지 않고 표현되는 최소 영역인 [안전 영역(확인용)] 레이어가 포함되어 있습니다.

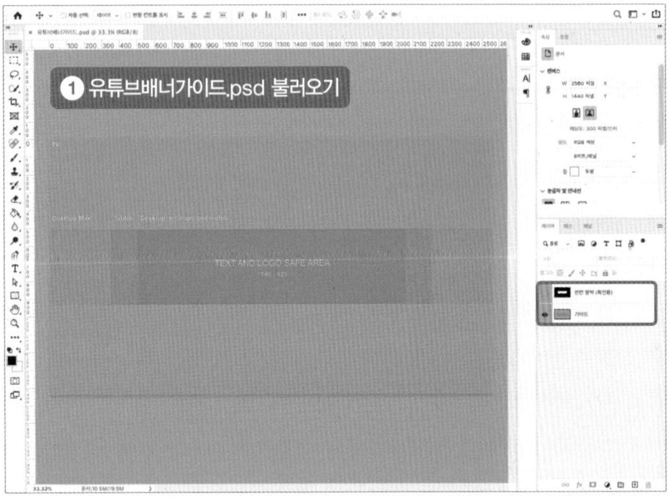

02 깔끔한 단색 배경을 만들기 위해 레이어 패널 하단의 ❶ [조정 레이어] 아이콘을 누르고 ❷ [단색] 메뉴를 선택합니다. 레이어 패널에 [색상 칠] 조정 레이어가 추가되면서 색상 피커 창이 열립니다. ❸ **색상: #607e9a**로 적용한 후 ❹ [확인]을 누릅니다.

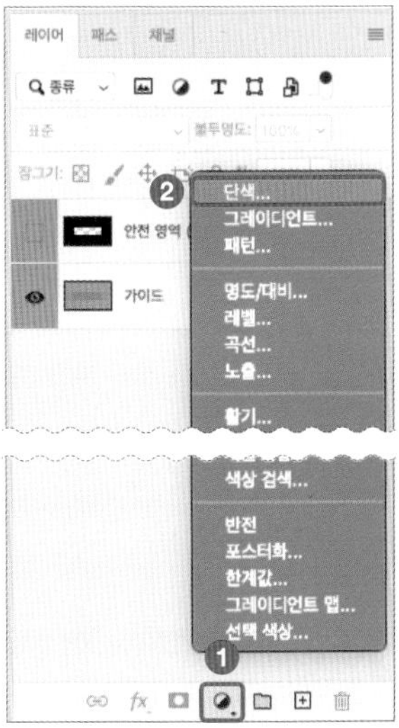

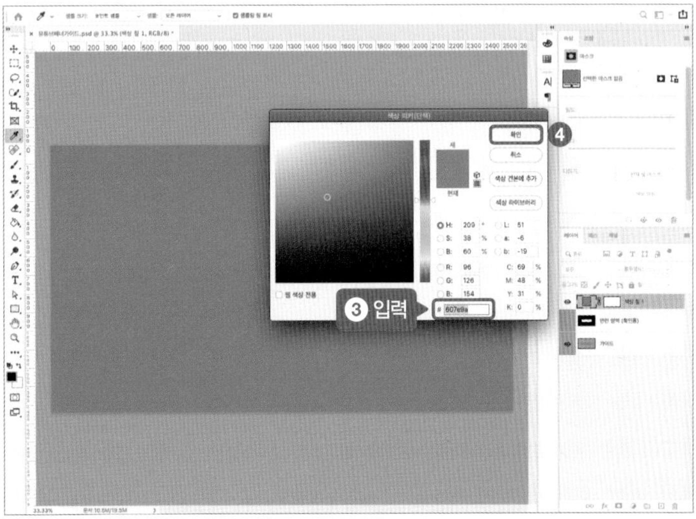

TIP 조정 레이어는 이미지를 보정할 때 원본 손상 없이 보정할 수 있는 기능을 포함한 레이어입니다. 실습처럼 기존 레이어를 손상하지 않고 새로운 배경을 만들 때도 유용하게 사용할 수 있습니다.

03 ❶ Ctrl+;을 눌러 미리 설정되어 있는 안내선을 표시합니다. 도구 패널에서 ❷ 〈수평 문자 도구 (T)〉 T를 선택하고 옵션 패널에서 ❸ **글꼴: 배달의민족 도현, 크기: 40pt, 색상: #ff9b69(주황색), 텍스트 중앙 정렬**을 적용한 다음 ❹ 캔버스에서 안전 영역을 클릭합니다.

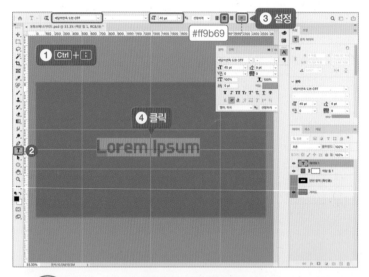

> ▶ **TIP** 'Lorem Ipsum'은 문자를 입력할 때 임시로 채워지는 문자입니다. Ctrl+K를 눌러 환경설정 창을 열고 [문자]를 선택한 후 [자리 표시자 텍스트로 새로운 유형 레이어 채우기] 옵션을 이용해서 해당 기능을 사용하거나 중지할 수 있습니다.

> ▶ **TIP** 문자 속성을 설정하기 위해 '수평 문자 도구' 옵션 패널을 이용해도 되지만, 좀 더 자세한 설정이나 빠른 편집을 위해서는 문자 패널을 이용하는 것이 좋습니다. 문자 패널은 상단 메뉴 막대에서 [창-문자]를 선택해서 열고 닫을 수 있습니다.

우디노트 | 안내선 사용하기

안내선은 작업 중에만 보이는 가상의 표시입니다. 즉 결과물을 출력할 때는 표시되지 않는, 말 그대로 안내를 위한 선입니다. 안내선을 추가하거나 지우려면 먼저 Ctrl+R을 눌러 포토샵 좌측과 상단에 눈금자를 표시합니다. 그런 다음 〈이동 도구(V)〉⊕를 선택한 후 눈금자 안쪽에서 캔버스 쪽으로 드래그하여 새로운 안내선을 만들 수 있습니다. 반대로, 기존의 안내선을 다시 눈금자 안으로 드래그하면 지울 수 있습니다. 이렇게 만든 안내선은 언제든 Ctrl+;을 눌러 표시하거나 가릴 수 있습니다.

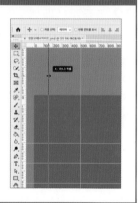

04 문자 편집 모드가 되면 ❶ **우디티비**를 입력하고, Ctrl + Enter 를 눌러 문자 입력을 완료합니다. 도구 패 널에서 ❷ 〈이동 도구(V)〉⊕를 선택한 후 ❸ 입력한 문자를 드래그해서 캔버스 정중앙으로 옮깁니다.

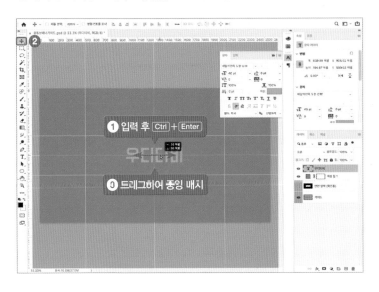

긴 그림자가 있는 타이포그래피

넓은 화면에 문자만 덩그러니 입력했으니 당연히 심심할 수밖에 없겠죠? 문자에 긴 그림자를 디자인 요소로 추가하여 입 체감을 표현해서 보다 눈에 띄는 디자인으로 보강해보겠습니다.

01 레이어 패널에서 [우디티비] 문자 레이어가 선택된 상태로 ❶ Ctrl + J 를 눌러 선택한 레이어를 복 제합니다. [우디티비 복사] 문자 레이어가 추가되면 ❷ 문자 패널에서 ❸ **색상** 옵션을 클릭한 후 ❹ **색상: #1b3d6a(진파랑)**로 적용하고 ❺ [확인]을 누릅니다.

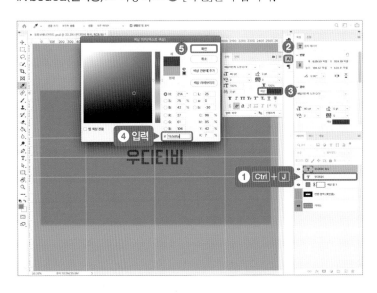

▶TIP 문자 색상을 변경한 후 레이어 패널을 확인해보세요. [우디티비 복사] 레 이어가 [우디티비]로 변경된 것을 확인할 수 있습니다. 이처럼 복사한 문자 레이어 의 내용이나 색상 등을 변경하면 레이어 이름도 자동으로 변경됩니다. 레이어 이 름을 변경하고 싶다면 언제든 이름 부분 을 더블 클릭하여 변경할 수 있습니다.

02 레이어 패널에서 복제된 [우디티비] 레이어를 원본 [우디티비] 레이어 바로 아래로 드래그해서 순서를 변경합니다. 캔버스를 보면 진파랑으로 변경한 문자가 원본인 주황색 문자 레이어에 가려져서 주황색만 보입니다.

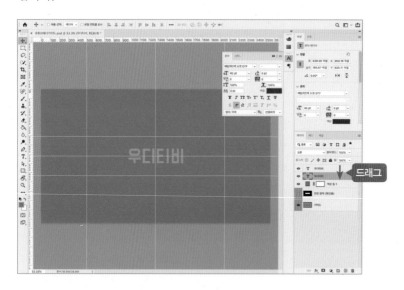

03 진파랑색으로 변경한 두 번째 [우디티비] 레이어가 선택된 상태로 ❶ Ctrl+T를 눌러 자유 변형 상태로 전환하고, 키보드에 있는 ❷ 오른쪽 방향키와 아래쪽 방향키를 각 1번씩 눌러 1픽셀씩 우측 하단으로 옮기고 ❸ Enter를 눌러 자유 변형을 마칩니다. 주황색에 가려졌던 진파랑색 문자가 살짝 삐져나온 것을 볼 수 있습니다.

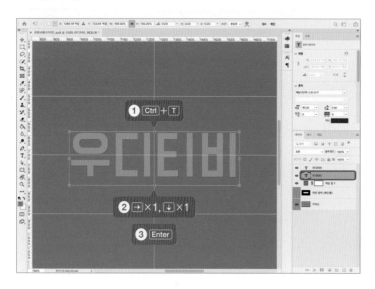

> ▶TIP 키보드 방향키를 이용하면 오브젝트를 1픽셀씩 상하좌우로 이동시킬 수 있습니다. 이때 Shift를 함께 누르면 10픽셀씩 이동시킬 수 있습니다.

포토샵에서 오브젝트 크기나 위치를 변경하거나 반전, 회전, 왜곡 등의 방법으로 변형하려면 메뉴를 이용해도 되지만 간단하게 [Ctrl]+[T]를 눌러 자유 변형 상태에서 조절할 수 있습니다. 자주 사용하는 기능이므로 반드시 단축키를 기억해두세요.

04 1픽셀 옮긴 것만으로는 거의 티가 나지 않습니다. 긴 그림자처럼 만들기 위해 단축키 [Ctrl]+[Alt]+[Shift]+[T]를 약 100회 정도 반복해서 눌러보세요. 우측 하단으로 1픽셀씩 이동되는 문자 레이어가 단축키를 반복한 만큼 복제되면서 긴 그림자처럼 표현되는 걸 볼 수 있습니다.

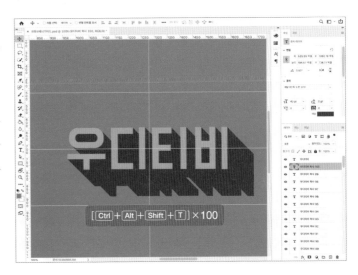

05 최상단에 있는 주황색 문자 레이어를 제외한 나머지 문자 레이어를 하나의 이미지 레이어로 만들겠습니다. ❶ 복제된 마지막 레이어(우디티비 복사 100)를 선택한 후 [Shift]를 누른 채 최하단에 있는 [우디티비] 문자 레이어를 선택합니다. 진파랑 문자 레이어가 모두 선택되면 ❷ [Ctrl]+[E]를 눌러 선택된 모든 레이어를 하나의 이미지로 병합합니다.

06 완성한 그림자가 짧다면 하나로 병합한 [우디티비 복사 100] 레이어를 선택한 후 ❶ `Ctrl`+`J`를 눌러 복제하고 ❷ 〈이동 도구(`V`)〉✛ 등을 이용하여 ❸ 우측 하단으로 이동시키는 작업을 반복합니다. ❹ 원하는 길이까지 그림자를 늘렸다면 ❺ 다시 한 번 그림자 관련 레이어를 다중 선택한 후 `Ctrl`+`E`를 눌러 하나의 이미지로 병합합니다.

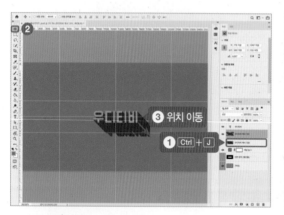

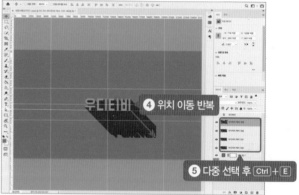

 테두리 추가하여 가독성 높이기

그림자를 추가하여 입체감과 함께 주목성까지 높아졌습니다. 이제 채널 이름의 가독성을 높이고, 디자인을 깔끔하게 정리하여 마무리하면 됩니다.

01 안전 영역 밖의 긴 그림자를 깔끔하게 정리하기 위해 ❶ 〈사각형 선택 윤곽 도구(M)〉[ ]를 선택합니다. ❷ 안전 영역에서 삐져나온 그림자가 모두 포함되도록 드래그하여 선택 영역을 설정하고 Delete 를 눌러 선택 영역에 있는 그림자를 지웁니다. ❸ Ctrl + D 를 눌러 선택 영역을 해제합니다.

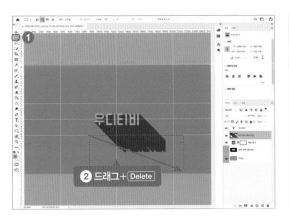
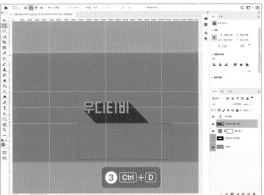

02 ❶ Ctrl + ; 을 눌러 안내선 표시를 끕니다. 레이어 패널에서 ❷ 맨 위에 있는 [우디티비] 레이어의 이름 우측 빈 공간을 더블 클릭합니다. 레이어 스타일 창이 열리면 ❸ [획]을 선택한 후 ❹ **크기: 3px, 위치: 중앙, 색상: #ffedd4**로 적용하여 문자에 테두리를 추가합니다.

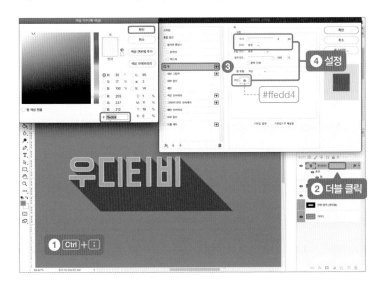

03 계속해서 ❶ [내부 그림자]를 선택한 후 ❷ **혼합 모드: 표준, 색상: #d85a4b, 각도: 135도, 거리: 7px, 경계 감소: 0%, 크기: 0px**를 적용합니다. 안쪽 그림자가 추가되어 문자 가독성이 높아집니다. 모든 설정이 끝나면 ❸ [확인]을 누릅니다.

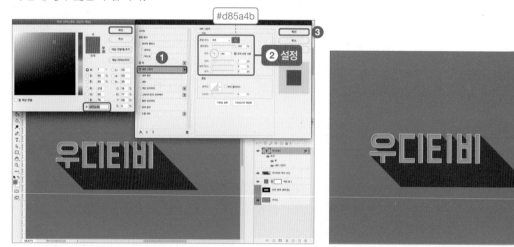

04 최종 점검을 위해 레이어 패널에서 ❶ [안전 영역 (확인용)] 레이어를 최상단으로 드래그해서 옮기고, ❷ 눈 모양 👁 아이콘을 클릭해서 켭니다. ❸ 채널 이름과 그림자 표현이 잘리지 않고 잘 표현되는지 확인합니다. 문제가 없다면 ❹ [안전 영역 (확인용)] 레이어의 눈 모양 👁 아이콘을 다시 클릭해서 *끄고* ❺ Ctrl + Shift + S 를 눌러 **파일 형식: PNG**로 저장합니다.

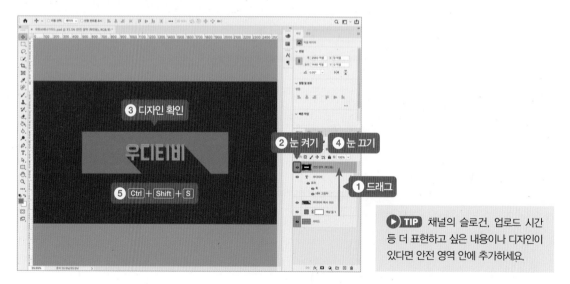

▶ **TIP** 채널의 슬로건, 업로드 시간 등 더 표현하고 싶은 내용이나 디자인이 있다면 안전 영역 안에 추가하세요.

LESSON 02 | 콜라주 느낌의 러블리한 배너

콜라주(Collage)는 회화 기법의 하나로, 종이 조각이나 섬유 등을 붙여 재질감을 표현하는 기법입니다. 뷰티나 일상을 주제로 하는 채널에 어울리게 콜라주 느낌을 활용하여 러블리한 배너를 완성해보겠습니다.

- 완성 파일: 완성_콜라주배너.psd
- 예제 파일: 유튜브배너가이드.psd, 예제_캔디소녀.jpg
- 사용 폰트: 배달의민족 주아
- 캔버스 크기: 2560×1440픽셀
- 주요 사용 기능: 블렌딩 모드, 브러시 도구, 흑백 사진
- 디자인 포인트: 콜라주 느낌과 크리에이터 사진이 이질적이지 않게 표현하기

🖥 결과 미리 보기

Beauty   Lovely

 **질감이 느껴지는 배경 만들기**

콜라주 느낌을 제대로 살리려면 배경에서 질감이 느껴지도록 표현해야 합니다. 실제 섬유나 종이를 촬영한 후 배경으로 활용할 수도 있지만, 실습에서는 간단히 브러시를 이용해 질감이 느껴지는 배경을 만들어보겠습니다.

01 Ctrl + O 를 눌러 **유튜브배너가이드.psd** 예제 파일을 엽니다. 예제 파일에는 유튜브 배너 디자인을 위한 [가이드] 레이어와 더불어 디자인이 잘리지 않고 표현되는 최소 영역인 [안전 영역(확인용)] 레이어가 있습니다.

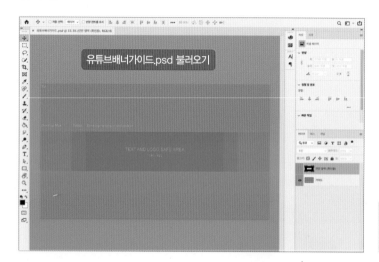

LINK 유튜브 배너 가이드와 관련된 설명은 86쪽을 참고하세요.

02 흰색 배경을 만들기 위해 레이어 패널 하단에서 ❶ [새 레이어 만들기] 아이콘을 클릭하여 빈 레이어(레이어 1)를 추가합니다. 도구 패널 아래쪽에서 ❷ [기본 전경색과 배경색(D)] 아이콘을 클릭하여 전경색과 배경색을 기본 값으로 만들고 ❸ Ctrl + Delete 를 눌러 빈 레이어를 배경색(흰색)으로 채웁니다.

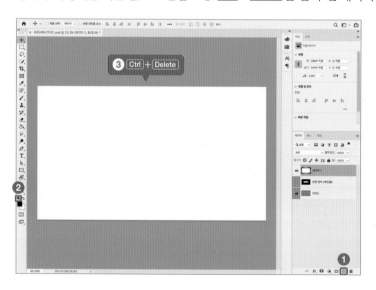

우디노트 | 전경색과 배경색 설정하기 👍 👎 ➡ ☰+

도구 패널 아래쪽에는 다음과 같이 전경색과 배경색을 설정할 수 있는 4개의 아이콘이 모여 있습니다. 각 아이콘의 기능은 다음과 같습니다.

❶ **기본 전경색과 배경색(D)**: 전경색과 배경색을 기본 값인 검정과 흰색으로 변경합니다.

❷ **전경색과 배경색 전환(X)**: 현재 설정된 전경색과 배경색을 서로 전환합니다.

❸ **전경색 설정**: 전경색을 변경합니다. Alt + Delete 를 눌러 선택 영역 등을 전경색으로 채울 수 있습니다.

❹ **배경색 설정**: 배경색을 변경합니다. Ctrl + Delete 를 눌러 선택 영역 등을 배경색으로 채울 수 있습니다.

03 레이어 패널 하단에서 ❶ [새 레이어 만들기] ▣ 아이콘을 눌러 새로운 레이어를 추가한 후 도구 패널에서 ❷ 〈브러시 도구(B)〉 ✎ 를 선택합니다. '브러시 도구' 옵션 패널에서 ❸ 브러시 모양 옵션 아이콘을 클릭하여 ❹ **종류: 드라이 재질 브러시-KYLE 궁극의 목탄색 연필, 크기: 250픽셀**로 설정한 후 ❺ **불투명도: 70%, 흐름: 55%**로 적용합니다.

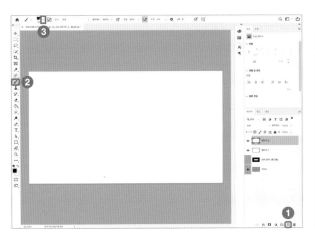

▶TIP 브러시 크기는 단축키 [,] 를 사용하면 더욱 쉽게 변경할 수 있습니다.

 우디노트 | 브러시 팝업 창에서 표시되는 모양이 달라요! 👍 👎 ➡ ☰+

브러시 팝업 창, 즉 브러시 패널에 표시되는 브러시 모양이 화면과 다르다면 표시 방법 설정이 다르기 때문입니다. 브러시 패널의 우측 상단에 있는 톱니바퀴 모양의 [옵션] ⚙ 아이콘을 클릭한 후 [브러시 이름], [브러시 획], [브러시 끝] 메뉴를 선택해서 어떻게 바뀌는지 확인해보세요. 실습에서는 [브러시 끝] 메뉴만 체크하여 브러시의 단면만 보이게 설정했습니다. 사용 중 기본으로 포함된 브러시 세트가 보이지 않는다면 [기본 브러시 첨부] 메뉴를 선택해서 기본 브러시 세트를 다시 추가할 수도 있습니다.

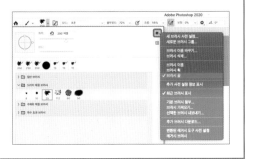

04 도구 패널에서 ❶ [전경색]을 클릭합니다. 색상 피커 창에서 ❷ **색상: #ffe000**을 적용한 후 ❸ [확인]을 누릅니다.

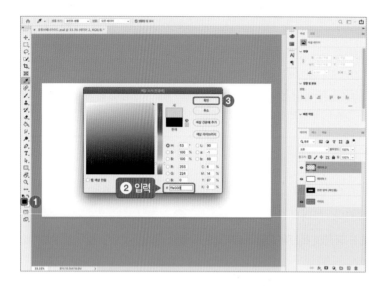

05 캔버스에 사선 방향으로 드래그하여 여러 번 덧칠하면서 질감을 표현합니다. 캔버스 가득 노란색 질 감이 표현되면 기본 배경이 완성됩니다.

> **▶ TIP** 브러시 옵션에서 [불투명도: 70%]로 설정했기 때문에 여러 번 덧칠할수록 100%에 가까운 농도로 표현됩니다. 또한 [흐름] 옵션을 조절하여 브러시의 발생 빈도를 조절할 수 있습니다. 100%에 가까울수록 한 번 클릭으로 진한 브러시가 적용됩니다.

흑백사진으로 자연스럽게 배치하기

질감이 느껴지는 배경을 만들었다면 이제 배경 위에 크리에이터의 실제 사진을 오려 붙인 듯 배치합니다. 이때 배경과 자연스럽게 조화를 이룰 수 있도록 사진을 흑백으로 변경하고, 형광펜으로 덧칠한 느낌을 추가하여 콜라주 느낌을 극대화합니다.

01 상단 메뉴에서 ❶ [파일]–[포함 가져오기] 메뉴를 선택한 후 **예제_캔디소녀.jpg** 파일을 찾아 불러오고 ❷ 그대로 Enter 를 눌러 자유 변형 상태를 종료합니다. 도구 패널에서 ❸ 〈빠른 선택 도구(W))〉 를 선택한 후 옵션 패널에서 ❹ [피사체 선택] 버튼을 누릅니다. 사진에서 피사체인 인물만 선택 영역으로 설정됩니다.

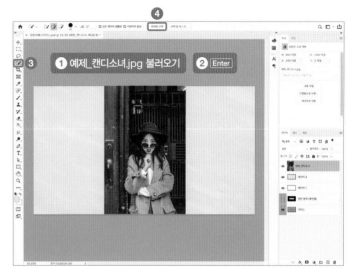

> ▶TIP [피사체 선택] 기능은 사진에서 피사체만 인식하여 자동으로 선택 영역을 설정해주는 기능으로 포토샵 CC 버전에서 추가되었습니다. 〈빠른 선택 도구〉 대신 〈개체 선택 도구〉, 〈자동 선택 도구〉를 선택해도 사용할 수 있습니다.

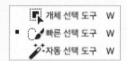

02 ❶ Ctrl + J 를 눌러 선택 영역만 복제합니다. 레이어 패널에서 ❷ [예제_캔디소녀] 레이어의 눈 모양 아이콘을 클릭하여 레이어를 숨기면 캔버스에 복제된 선택 영역만 표시됩니다. ❸ Ctrl + ; 을 눌러 안내선을 표시한 후 ❹ Ctrl + T 를 눌러 자유 변형 상태로 전환합니다. ❺ 캔디소녀 이미지의 크기와 위치를 조절하여 그림과 같이 배치한 후 Enter 를 눌러 자유 변형을 마칩니다.

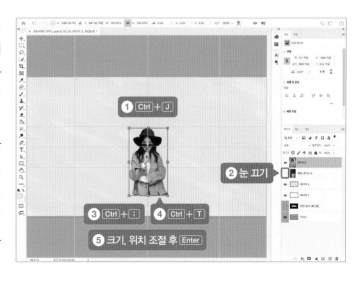

> ▶TIP 자유 변형 상태에서 표시되는 조절점을 드래그하면 크기를 변경할 수 있고, 안쪽을 드래그하면 위치를 변경할 수 있습니다.

03 상단 메뉴에서 ❶ [이미지–조정–채도 감소]를 선택하여 사진을 흑백으로 변경합니다. 안전 영역 바깥쪽을 깔끔하게 정리하기 위해 도구 패널에서 ❷ 〈사각형 선택 윤곽 도구(**M**)〉▢를 선택한 후 ❸ 안전 영역 바깥쪽에 있는 이미지가 포함되도록 드래그하여 선택 영역을 설정합니다. ❹ Delete 를 눌러 선택 영역을 삭제하고, Ctrl + D 를 눌러 선택 영역을 해제합니다.

04 레이어 패널에서 ❶ [새 레이어 만들기]▢ 아이콘을 클릭하여 새 레이어(레이어 4)를 추가합니다. 도구 패널에서 ❷ 〈브러시 도구(**B**)〉✏를 선택한 후 옵션 패널에서 ❸ 브러시 모양 옵션 아이콘을 클릭합니다. 브러시 팝업 창에서 ❹ **종류: 드라이 재질 브러시–KYLE 궁극의 목탄색 연필, 크기: 20픽셀**로 설정한 후 ❺ **불투명도: 100%, 흐름: 55%**로 적용합니다. 도구 패널에서 ❻ [전경색]을 클릭하여 **색상: #13fd6b**로 적용합니다.

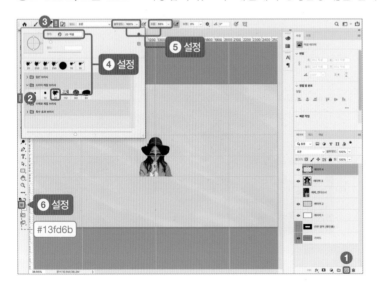

05 ❶ Ctrl + ; 을 눌러 안내선은 가리고 ❷ Ctrl + + 를 여러 번 눌러 사진이 잘 보이도록 확대합니다. 그런 다음 ❸ 사진에서 외곽선과 포인트 부분을 드래그하여 브러시로 덧칠합니다.

▶TIP 브러시로 덧칠하는 중 실수하게 된다면 Ctrl + Z 를 눌러 한 단계 전으로 되돌릴 수 있습니다. 혹은 〈지우개 도구(E)〉 를 이용하여 실수한 부분을 드래그해서 지울 수도 있습니다.

👤 **우디노트** │ **다양한 방법으로 화면 확대/축소하기**   👍 👎 ➡ ☰+

- Ctrl + + & Ctrl + -
- Alt + 마우스 스크롤 위로 & Alt + 마우스 스크롤 아래로
- 〈돋보기 도구(Z)〉 선택 후 〈클릭〉 & Alt + 〈클릭〉
- Ctrl + 0 : 화면 크기에 맞게 조정

화면을 확대한 후 원하는 부분을 확인하고 싶을 때는 〈손 도구(H)〉를 선택한 후 드래그하거나 Spacebar 를 누른 채 드래그하면 화면을 이동할 수 있습니다.

---

06 이어서 ❶ [전경색] 아이콘을 클릭하여 **색상: #ff0000**을 적용한 후 ❷ 브러시를 이용해 ❸ 안경 알과 사탕을 빨간색으로 덧칠합니다. 이때 화면을 더욱 확대해서 작업하면 편리합니다.

▶TIP 화면 확대 후 브러시가 너무 크게 보인다면 [,] 단축키를 활용하여 브러시 크기를 조절할 수 있습니다.

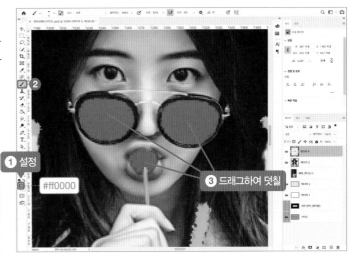

🚀 완성도 높이기

지금까지 작업한 것만으로도 콜라주 느낌을 표현할 수 있습니다. 여기에 더해 채널과 관련된 이미지가 있다면 추가로 배치해서 표현해도 좋습니다. 이제 문자와 장식 요소를 추가하여 디자인의 완성도를 높여보겠습니다.

01 도구 패널에서 ❶ 〈수평 문자 도구(ⓉT)〉 Ⓣ를 선택하고 ❷ 문자 패널에서 ❸ **글꼴: 배달의민족 주아, 크기: 10pt, 행간: 500, 색상: #ff0000**을 적용합니다. ❹ 이미지 왼쪽을 클릭한 다음 **Beauty**를 입력하고 ❺ Ctrl + Enter 를 눌러 입력을 완료합니다. 같은 방법으로 ❻ ❼ 이미지 오른쪽에는 **Lovely**를 입력합니다.

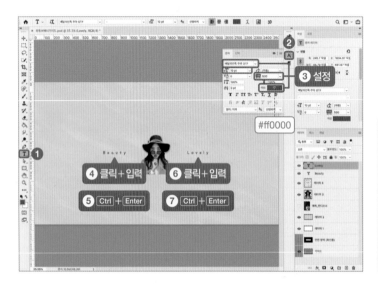

▶️**TIP** 문자 패널은 상단 메뉴 막대에서 [창–문자]를 선택해서 열고 닫을 수 있습니다.

▶️**TIP** 문자를 입력한 후 정확한 위치를 맞추려면 Ctrl + ; 을 눌러 안내선을 표시합니다. 그런 다음 Ctrl + T를 눌러 자유 변형 상태로 전환한 후 원하는 위치로 드래그합니다.

02 ❶ 형광펜처럼 덧칠한 [레이어 4] 레이어를 선택하고 ❷ **블렌딩 모드: 색상**을 적용합니다.

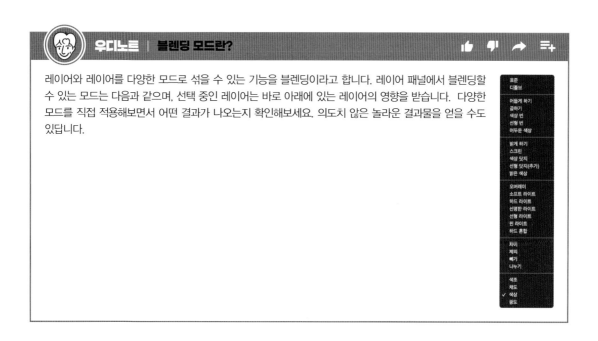

우디노트 | 블렌딩 모드란?

레이어와 레이어를 다양한 모드로 섞을 수 있는 기능을 블렌딩이라고 합니다. 레이어 패널에서 블렌딩할 수 있는 모드는 다음과 같으며, 선택 중인 레이어는 바로 아래에 있는 레이어의 영향을 받습니다. 다양한 모드를 직접 적용해보면서 어떤 결과가 나오는지 확인해보세요. 의도치 않은 놀라운 결과물을 얻을 수도 있답니다.

03 심심해 보이는 배경에 포인트를 추가하겠습니다. ❶ [새 레이어] 만들기 ⊞ 아이콘을 눌러 새 레이어 (레이어 5)를 추가하고 ❷ 〈브러시 도구(B)〉✏를 선택합니다. 옵션 패널에서 ❸ **종류: 일반 브러시−선명한 원, 크기: 400픽셀, 불투명도: 100%, 흐름: 100%**를 적용합니다.

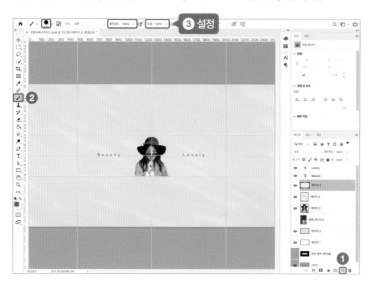

04 ❶ [전경색] 아이콘을 클릭하여 **색상: #ff0000**을 적용한 후 ❷ Ctrl + ; 을 눌러 안내선을 표시합니다.
❸ 그림과 같이 디바이스별 표시될 영역을 고려하면서 적당한 위치를 클릭하여 빨간색 원을 찍습니다.

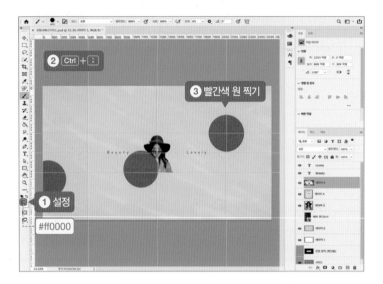

05 레이어 패널에서 ❶ **블렌딩 모드: 색조**를 적용하여 디자인을 마무리하고 ❷ Ctrl + Shift + S 를 눌러 **파일 형식: PNG**로 원하는 위치에 저장합니다.

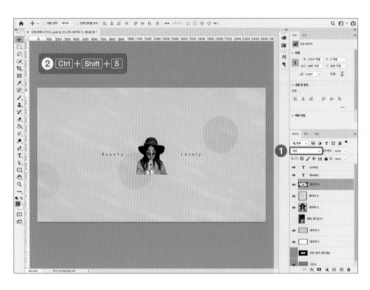

패턴과 그레이디언트로 의문 가득한 배너

패턴은 한 번 만들어놓으면 다양하게 활용할 수 있는 디자인 요소입니다. 채널 콘셉트에 부합하는 모양으로 패턴을 만들고, 다채로운 그레이디언트 배경과 조합하여 몽환적인 느낌의 배너를 완성해보세요.

- 완성 파일: 완성_패턴배너.psd
- 예제 파일: 유튜브배너가이드.psd, 예제_앉아있는아이.jpg
- 사용 폰트: G마켓산스
- 캔버스 크기: 2560×1440픽셀
- 주요 사용 기능: 그레이디언트, 패턴 정의, 문자 도구, 빠른 선택 도구, 레이어 래스터화
- 디자인 포인트: 패턴과 그레이디언트로 채널 콘셉트에 맞춰 디자인하기

 결과 미리 보기

그레이디언트 배경 만들기

조정 레이어를 활용하여 두 가지 색으로 구성된 그레이디언트 배경을 만들겠습니다. 조정 레이어를 사용함으로써 그레이디언트 배경 색상을 언제든 원하는 색상으로 손쉽게 바꿀 수 있습니다.

01 ❶ Ctrl + O 를 눌러 **유튜브배너가이드.psd** 예제 파일을 엽니다. 그레이디언트 배경을 만들기 위해 레이어 패널 하단의 ❷ [조정 레이어] 아이콘을 누른 후 ❸ [그레이디언트] 메뉴를 선택합니다.

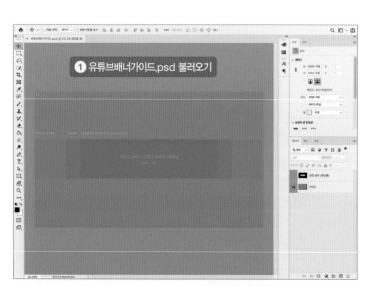

LINK 유튜브에서 제공하는 배너 이미지와 관련된 자세한 내용은 86쪽을 참고합니다.

02 그레이디언트 칠 창이 열리면 ❶ **각도: 0도**로 설정한 후 ❷ 그레이디언트 옵션을 클릭하여 그레이디언트 편집기 창을 엽니다. ❸ 사전 설정 영역에서 [기본 사항(Basics)]에 있는 [검정, 흰색(Black, White)] 설정을 선택합니다. 이어서 그레이디언트 막대 아래쪽에 있는 [색상 정지점] 아이콘을 각각 클릭하여 ❹ **왼쪽 색상: #e560df**, ❺ **오른쪽 색상: #3a41e8**을 적용한 후 ❻ [확인] 버튼을 눌러 완성합니다.

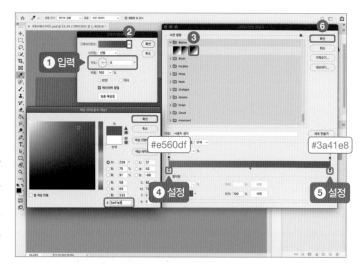

TIP 실습처럼 기본 사전 설정 목록이 보이지 않는다면 사전 설정 영역 우측에 있는 톱니바퀴 모양의 [설정] ⚙ 아이콘을 누르고 [기본 그레이디언트 첨부] 메뉴를 선택합니다.

우디노트 | 그레이디언트 조정 레이어 색상 변경하기   👍 👎 ↪ ☰+

위와 같이 그레이디언트 조정 레이어 설정을 완료하면 레이어 패널에 추가된 조정 레이어의 섬네일에도 변경된 색상이 반영됩니다. 그레이디언트 설정이나 색상을 변경하고 싶다면 조정 레이어의 섬네일을 더블 클릭하여 변경할 수 있습니다. 이러한 조정 레이어는 이미지를 보정할 때 원본 손상 없이 보정할 수 있는 기능의 레이어로, 실습처럼 배경을 만들 때도 효과적입니다.

패턴 정의한 후 적용하기

패턴을 사용하려면 먼저 반복될 기본 패턴 모양을 디자인해서 정의(등록)해야 합니다. 물론 기본으로 제공되는 패턴이 있지만, 나만의 패턴을 만들어 사용하는 방법을 알아보겠습니다.

01 패턴에 사용할 기본 모양을 만들기 위해 ❶ Ctrl + N 을 눌러 새로 만들기 문서 창을 띄우고 ❷ 폭: 100픽셀, 높이: 100픽셀로 적용한 후 ❸ [만들기] 버튼을 눌러 새로운 문서를 만듭니다.

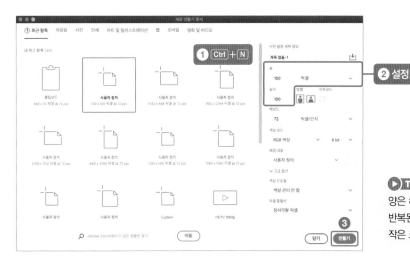

TIP 패턴을 정의할 때 사용할 모양은 해당 디자인이 타일을 이어 붙이듯 반복된다는 점을 고려하여, 상대적으로 작은 크기로 만듭니다.

02 채널 콘셉트에 맞게 물음표 패턴으로 반복할 계획입니다. 도구 패널에서 **①** 〈수평 문자 도구(T)〉 T를 선택하고 **②** 문자 패널에서 **③** **글꼴: G마켓 산스, Bold, 크기: 70pt, 색상: #000000**을 적용합니다. **④** 캔버스 중앙을 클릭한 후 **?**를 입력하고 **⑤** Ctrl + Enter 를 눌러 문자 입력을 마칩니다.

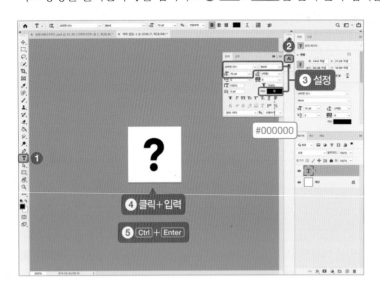

03 패턴 디자인이 끝났습니다. 패턴은 어느 배경에서나 자연스럽게 어울리도록 배경을 투명하게 설정하는 것이 좋습니다. 레이어 패널에서 **①** [배경] 레이어의 눈 모양 👁 아이콘을 클릭하여 끕니다. 상단 메뉴 막대에서 **②** [편집-패턴 정의]를 선택하여 **③** 패턴 이름을 입력하고 **④** [확인] 버튼을 눌러 패턴을 정의합니다.

04 작업 창 상단에 있는 ❶ [유튜브배너가이드.psd] 탭을 클릭하여 작업 중이던 문서로 돌아옵니다. 레이어 패널 하단의 ❷ [새 레이어 만들기] ⊞ 아이콘을 클릭하여 새 레이어(레이어 1)를 추가한 후 ❸ [Alt] +[Delete]를 눌러 검정 전경색을 채웁니다. 이어서 레이어 패널 상단에서 ❹ **칠: 0%**를 적용합니다. 불투명도가 0%로 투명한 상태가 되어 다시 그레이디언트 배경이 표시됩니다.

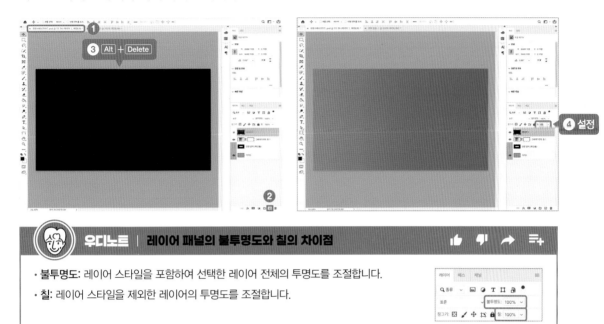

🙂 **우디노트** | **레이어 패널의 불투명도와 칠의 차이점**

- **불투명도:** 레이어 스타일을 포함하여 선택한 레이어 전체의 투명도를 조절합니다.
- **칠:** 레이어 스타일을 제외한 레이어의 투명도를 조절합니다.

05 ❶ 투명하게 만든 [레이어 1] 레이어 이름 오른쪽 여백을 더블 클릭합니다. 레이어 스타일 창이 열리면 ❷ [패턴 오버레이]를 선택하고 ❸ **혼합 모드: 오버레이, 불투명도: 100%, 패턴: (앞서 등록한 패턴 선택), 각도: 45도, 비율: 100%**를 적용한 후 ❹ [확인] 버튼을 누릅니다.

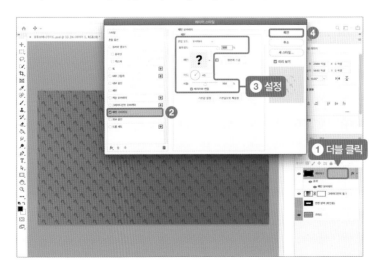

06 [레이어 1] 레이어에 패턴이 적용되면 **불투명도: 40%**를 적용하여 배경과 자연스럽게 어울리도록 조정합니다.

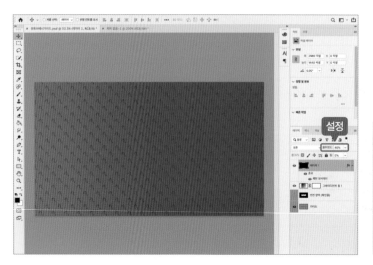

▶ **TIP** 적용한 레이어 스타일을 변경하고 싶다면 해당 레이어 하단에 추가된 스타일 이름을 더블 클릭하면 됩니다.

프레임 디자인 구성하기

배너에 채널 이름만 간단하게 입력하기보다는 사각형 프레임을 이용하여 채널 이름과 함께 구성한다면 콘셉트에 부합하는 동시에 주목도를 높일 수 있습니다. 사각형으로 프레임을 만들고 주변에 문자 등을 배치해서 디자인합니다.

01 ❶ Ctrl + ;을 눌러 안내선을 표시합니다. ❷ 〈사각형 도구(U)〉□를 선택하고 옵션 패널에서 ❸ **칠: 없음, 획: 흰색, 획 두께: 10픽셀**로 적용한 후 ❹ 캔버스 정중앙을 클릭합니다. 사각형 만들기 창이 열리면 ❺ **폭: 350픽셀, 높이: 350픽셀, 중앙부터 체크**로 적용한 후 ❻ [확인] 버튼을 클릭합니다.

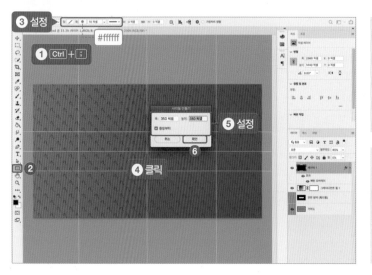

⚠ **2021 이상 버전이라면**
사각형 만들기 창에서 [반경] 옵션을 [0픽셀]로 설정합니다.

▶ **TIP** 옵션 패널에서 [칠] 또는 [획] 옵션을 클릭하면 팝업 창이 열립니다. 여기서 [색상 없음] ☑ 아이콘을 클릭하면 색 없음으로, [색상 피커] □ 아이콘을 클릭하면 원하는 색상으로 채우기 색을 적용할 수 있습니다.

02 클릭한 지점을 중심으로 정사각형이 그려집니다. 위치가 정확하지 않다면 ❶ 〈이동 도구(V)〉⊕를 선택한 후 ❷ 드래그해서 사각형 프레임을 캔버스 중앙에 배치합니다.

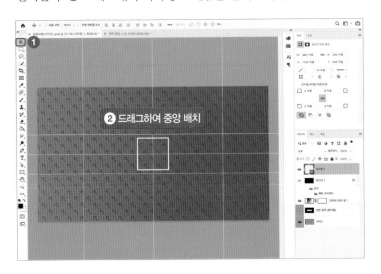

▶TIP 〈사각형 도구(U)〉□로 만든 도형은 언제든 다시 〈사각형 도구(U)〉□를 선택한 후 옵션 패널에서 채우기 색상이나 크기 등을 간단하게 변경할 수 있습니다.

03 ❶ 〈수평 문자 도구(T)〉T를 선택하고 ❷ 문자 패널에서 ❸ 글꼴: G마켓산스(Bold), 크기: 15pt, 행간: 15pt, 색상: #ffffff를 적용합니다. 이어서 ❹ 캔버스 빈 곳을 클릭하여 **우디의 궁금해결소**와 같이 채널 이름을 입력한 후 ❺ Ctrl + Enter 를 눌러 입력을 마칩니다.

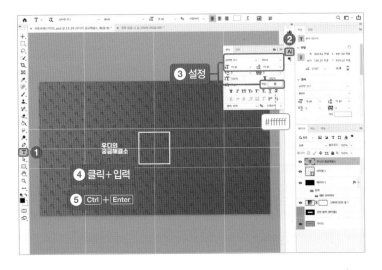

04 ❶ 〈이동 도구(V)〉⊕를 선택한 후 ❷ 문자를 드래그해서 문자와 프레임을 겹치게 배치합니다. 기본 배치가 끝나면 ❸ Ctrl+;을 눌러 다시 안내선을 가립니다.

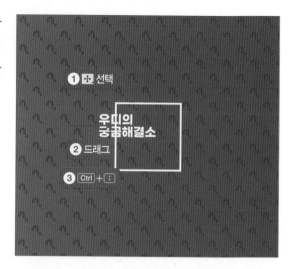

05 밋밋한 문자에 리듬감을 표현하겠습니다. 레이어 패널에서 ❶ [우디의 궁금해결소] 레이어의 섬네일을 더블 클릭하여 문자 수정 모드로 전환합니다. 캔버스에서 ❷ '우디의' 부분만 드래그하여 선택한 다음 ❸ 문자 패널에서 ❹ **Light**로 두께를 얇게 적용한 후 ❺ Ctrl+Enter를 눌러 수정을 마칩니다.

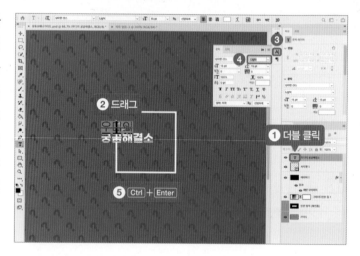

06 프레임에서 문자와 겹치는 부분을 지우기 위해 레이어 패널에서 ❶ [사각형 1] 레이어를 선택합니다. 도구 패널에서 ❷ 〈사각형 선택 윤곽 도구(M)〉⊡를 선택한 다음 ❸ 그림과 같이 겹치는 부분이 포함되도록 드래그해서 선택 영역을 지정합니다.

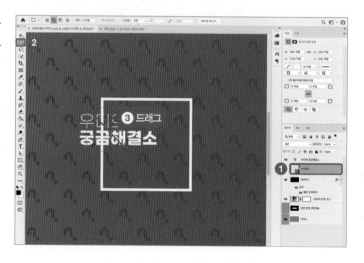

07 레이어 패널에서 ❶ [사각형 1] 레이어를 [마우스 우클릭]한 후 ❷ [레이어 래스터화]를 선택하여 일반 레이어로 변경합니다. 그런 다음 ❸ Delete 를 눌러 선택 영역을 지우고 ❹ Ctrl + D 를 눌러 선택 영역을 해제합니다.

> ▶ TIP 도형 도구로 만든 도형이나 고급 개체 상태의 레이어는 원본이 보존되는 레이어로, 단순히 Delete 를 눌러 내용을 지울 수 없습니다. 그러므로 해당 레이어를 일반 레이어로 변경하는 래스터화 작업을 먼저 진행해야 합니다.

🖌 사진 배경 지워서 배치하기

프레임을 활용한 문자 디자인까지 마쳤다면 추가로 사진을 배치하겠습니다. 사진의 배경과 배너의 배경이 자연스럽게 어울리기는 쉽지 않으므로, 피사체만 남기고 배경을 제거한 후 배치합니다.

01 상단 메뉴에서 ❶ [파일 – 포함 가져오기]를 선택하여 **예제_앉아있는아이.jpg**를 불러온 후 ❷ Enter 를 눌러 자유 변형을 마칩니다. 레이어 패널에서 ❸ [예제_앉아있는아이] 레이어를 드래그하여 최상단으로 옮깁니다.

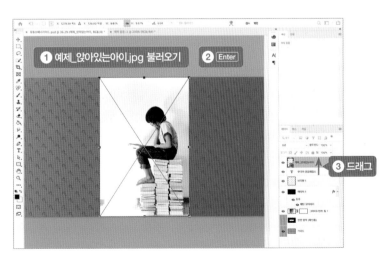

02 ❶ 〈빠른 선택 도구(W)〉 를 선택하고 옵션 패널에 보이는 ❷ [피사체 선택] 버튼을 클릭합니다. 이 기능은 자동으로 사진 내 피사체만 선택 영역으로 지정하는 기능으로, 소년 부분이 선택 영역으로 지정됩니다.

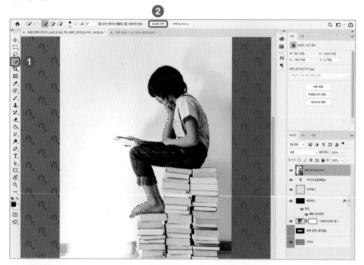

03 책 더미도 선택 영역으로 추가하기 위해 옵션 패널에서 ❶ [선택 영역에 추가] 아이콘을 누릅니다. ❷ Ctrl + + 를 눌러 화면을 확대하고, 브러시 크기를 조절해([,])가면서 ❸ 책 부분을 클릭하거나 드래그하면 기존 선택 영역에 추가로 선택 영역이 더해집니다.

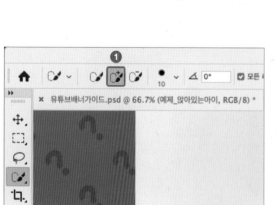

▶**TIP** 반대로 선택 영역 중 필요 없는 부분을 제외할 때는 [선택 영역에서 빼기] 아이콘을 누른 후 선택 영역 중에서 뺄 부분을 클릭하거나 드래그하면 됩니다.

04 어느 정도 깔끔하게 선택 영역이 지정되었으면 ❶ Ctrl+J를 눌러 선택 영역을 복제합니다. 레이어에서 ❷ [예제_앉아있는아이] 레이어의 눈 모양 👁 아이콘을 *끄*면 복제된 이미지만 남아 배경이 제거된 것을 볼 수 있습니다.

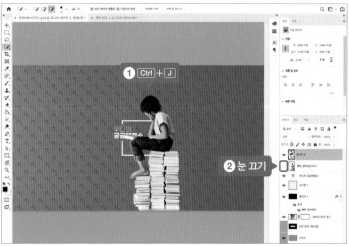

05 ❶ Ctrl+;을 눌러 안내선을 켭니다. 레이어 패널에서 소년과 책 더미만 있는 [레이어 2] 레이어가 선택된 상태에서 ❷ Ctrl+T를 눌러 자유 변형 모드를 실행합니다. ❸ 그림과 같이 크기와 위치를 프레임에 겹치도록 조절한 후 Enter를 눌러 자유 변형을 마칩니다.

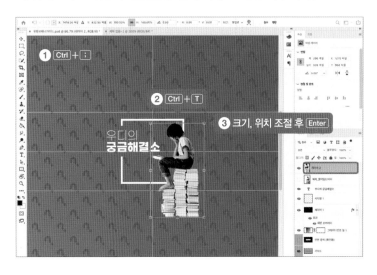

▶TIP 자유 변형 모드에서 모서리에 있는 조절점을 드래그하면 크기를, 안쪽을 드래그하면 위치를 조절할 수 있습니다.

06 ❶ 〈사각형 선택 윤곽 도구([M])〉▢를 선택한 후 ❷ 안전 영역 바깥쪽 이미지가 포함되도록 안내선에 맞춰 선택 영역을 지정하고 ❸ [Delete]를 눌러 삭제합니다. ❹ [Ctrl]+[D]를 눌러 선택 영역을 해제한 후 ❺ [Ctrl]+[Shift]+[S]를 눌러 최종 결과를 저장합니다.

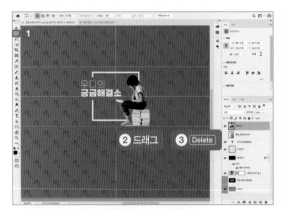
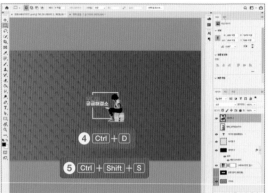

LESSON 04 | 힐링 채널에 어울리는 감성적인 배너

화려한 디자인도 좋지만 채널 성격에 따라 차분한 분위기의 감성적인 디자인을 구성하면 보는 이로 하여금 따뜻한 느낌을 받게 할 수 있고, 더 나아가 채널 구독으로 이어질 수도 있습니다. 필름 사진 느낌과 그에 어울리는 원고지 느낌의 문자 디자인으로 감성적인 배너를 완성해보겠습니다.

- 완성 파일: 완성_감성적인배너.psd
- 예제 파일: 유튜브배너가이드.psd, 예제_도시.jpg
- 사용 폰트: 에스코어 드림
- 캔버스 크기: 2560×1440픽셀
- 주요 사용 기능: 자유 변형, 레이어 래스터화, LUT 색상 필터, 세로 문자 도구
- 디자인 포인트: 필름 느낌 필터를 적용한 사진에 원고지 느낌을 더해 감성 표현하기

 결과 미리 보기

 **자유 변형으로 사진 배경 늘리기**

원하는 디자인에 적합한 이미지를 찾기가 쉽지 않고, 찾는다 해도 크기나 저작권 등의 문제가 발생할 수 있습니다. 힘들게 배너와 잘 어울리는 이미지를 구했는데 배경 부분이 다소 부족하다면 어떻게 해야 할까요? 자연스럽게 사진의 배경을 넓힐 수 있는 방법을 알아봅시다.

01 ❶ Ctrl + O 를 눌러 **유튜브배너가이드.psd** 예제 파일을 열고 ❷ Ctrl + : 을 눌러 안내선을 표시합니다. 상단 메뉴에서 ❸ [파일−포함 가져오기]를 선택해서 **예제_도시.jpg**를 불러옵니다. ❹ 안전 영역에 하늘이 많이 포함되도록 배경 이미지를 아래쪽에 배치한 후 Enter 를 눌러 자유 변형을 마칩니다.

LINK 유튜브 배너 가이드와 관련한 자세한 설명은 86쪽을 참고하세요.

02 배경 이미지에서 위쪽 ~~하늘~~ 부분을 넓혀 전체 영역을 채우려고 합니다. 수정 가능한 일반 레이어로 만들기 위해 레이어 패널에서 ❶ [예제_도시] 레이어를 [마우스 우클릭] 한 후 ❷ [레이어 래스터화]를 선택합니다.

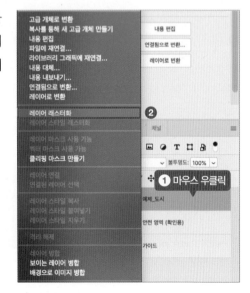

[파일–포함 가져오기] 메뉴를 이용하거나 이미지 파일을 캔버스로 드래그하는 방법으로 사진을 포토샵으로 불러오면 스마트 오브젝트(Smart Object)라 불리는 고급 개체 형태로 불러옵니다. 고급 개체 상태인지는 레이어 패널에서 섬네일을 보면 쉽게 확인할 수 있습니다. 섬네일 모퉁이에 고급 개체를 의미하는

아이콘이 표시되어 있으며, 아이콘의 모양을 보면 원본과 연결된 듯한 느낌입니다. 이러한 고급 개체 레이어는 원본의 기본 꼴을 유지한 채 크기나 비율 등만 변경할 수 있을 뿐 픽셀을 지우는 등의 수정은 할 수 없습니다. 원본과의 연결을 완전히 끊고 자유롭게 수정하고 싶다면 [레이어 래스터화]를 실행해야 합니다.

03 ❶ 〈사각형 선택 윤곽 도구(M)〉를 선택하고 ❷ 그림과 같이 하늘 위쪽 부분이 일부 포함되도록 드래그하여 선택 영역으로 지정합니다.

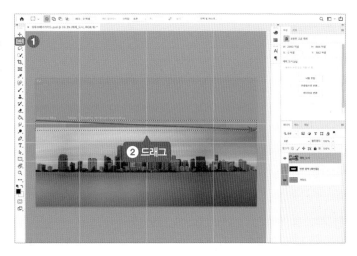

04 ❶ Ctrl + T를 눌러 자유 변형을 실행한 후 ❷ Shift를 누른 채 위쪽 중앙에 있는 조절점을 위로 드래그해서 배경이 전체 영역을 채우도록 넓힙니다. 캔버스 가득 배경을 넓혔다면 ❸ Enter를 눌러 자유 변형을 마치고, ❹ Ctrl + D를 눌러 선택 영역을 해제합니다.

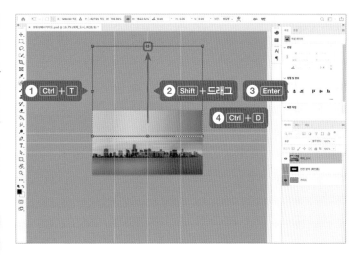

▶ **TIP** 포토샵 CC 2019 버전부터는 자유 변형 상태에서 Shift를 누른 채 드래그해야 원본 비율을 무시한 채 변형시킬 수 있습니다. 비율을 유지하면서 크기를 변형하려면 조절점만 드래그하면 됩니다.

 **필름 사진 느낌의 필터 적용하기**

포토샵의 기본 필터 효과를 이용하면 간단한 방법으로 사진에 색감을 더하여 클래식한 필름 느낌으로 바꿀 수 있습니다.
사진에 필터를 적용하여 색다른 분위기를 연출해보겠습니다.

01 자연스럽게 하늘 부분을 넓힌 배경 이미지를 유지한 채 필터 효과를 적용하기 위해 조정 레이어를 활용하겠습니다. 레이어 패널에서 ❶ [조정 레이어]⦿ 아이콘을 누른 후 ❷ [색상 검색] 메뉴를 선택합니다.

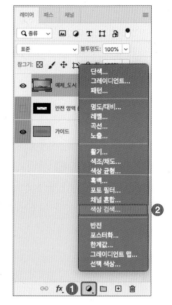

> ▶TIP 조정 레이어는 이미지 원본을 손상하지 않고 보정할 때 사용하는 레이어입니다. 조정
> 레이어를 추가한 후 효과를 적용하면 조정 레이어 아래에 있는 레이어에 효과가 적용됩니다.

02 조정 레이어를 추가하면 그에 따른 세부 옵션을 설정할 수 있는 속성 패널이 활성화됩니다. 속성 패널에서 **3DLUT 파일: Fuji F125 Kodak 2395 (by Adobe).cube**을 적용하여 배경 이미지에 필름 느낌의 필터를 적용합니다.

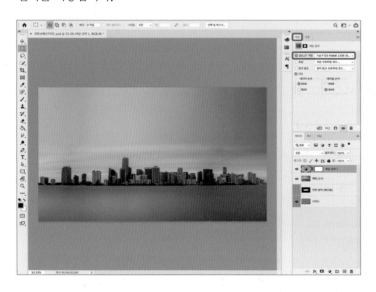

우디노트 | LUT란? 👍 👎 ➡ ☰+

LUT(Lookup Table)는 색조와 채도 등 다양한 색상 프로파일을 가공한 색상 파일로, 결과 값에 빠르게 도달하기 위해 좌표를 기록해놓은 표와 같습니다. 이러한 LUT는 포토샵에 기본으로 제공하는 것뿐 아니라 색 보정을 전문으로 하는 사용자나 업체에서 유ㆍ무료로 배포하는 파일을 활용할 수도 있습니다.

실습에서 사용한 [Fuji F125 Kodak 2395 (by Adobe).cube] 이외의 값을 선택해서 사용해보세요. 다음과 같이 다양한 결과를 확인할 수 있습니다.

🖌 원고지 느낌 표현하기

아날로그 감성을 느낄 수 있는 필름 효과로 배경을 연출했다면, 여기에 잘 어울리는 원고지 디자인으로 클래식한 감성을 추가해보겠습니다.

01 원고지 틀을 만들기 위해 ❶ 〈사각형 도구(U)〉 □를 선택하고 옵션 패널에서 ❷ **칠: 없음, 획: 검정, 획 두께: 1픽셀**을 적용한 후 ❸ 캔버스에서 문구를 입력할 위치를 클릭합니다. 사각형 만들기 창이 열리면 ❹ **폭: 50픽셀, 높이: 50픽셀**로 적용한 후 ❺ [확인] 버튼을 클릭합니다.

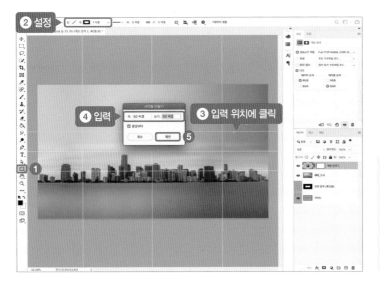

⚠ **2021 이상 버전이라면**

사각형 만들기 창에서 [반경] 옵션을 [0픽셀]로 설정합니다.

02 50픽셀 크기의 정사각형이 그려지면 ❶ 〈이동 도구(Ⓥ)〉⊕를 선택한 후 ❷ 드래그하여 그림과 같이 정확한 위치에 배치합니다.

03 ❶ Ctrl + J 를 눌러 사각형 모양 레이어를 복제한 후 ❷ Shift 를 누른 채 아래로 드래그해서 나란히 배치합니다. ❸ 화면을 확대해서 ❹ 사각형이 정확하게 겹치도록 조절합니다. 이때 방향키를 이용하면 1픽셀 단위로 정확하게 옮길 수 있습니다.

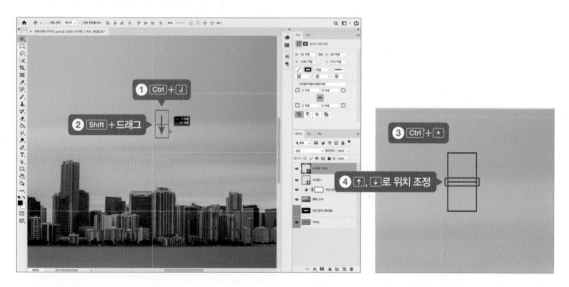

▶TIP Shift 를 누른 채 드래그하면 정확하게 수직, 수평으로 옮길 수 있습니다.

04 ❶ 복제(Ctrl+J)한 후 ❷ 배치하는 방법을 반복해서 세로로 3칸을 만듭니다. 레이어 패널에서 ❸ Shift를 누른 채 처음 만든 [사각형 1] 레이어를 클릭해서 모든 사각형 레이어를 다중 선택합니다.

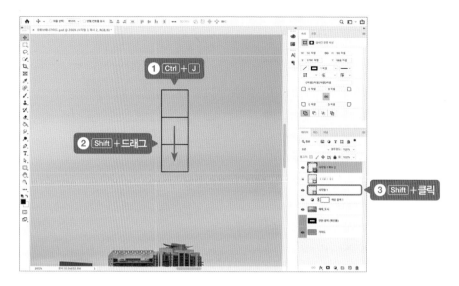

05 ❶ Ctrl+J를 눌러 3개의 사각형을 복제합니다. ❷ Shift를 누른 채 왼쪽 방향키를 6번 눌러서 복제한 3개의 사각형을 왼쪽으로 60픽셀 옮기면 총 6칸이 완성됩니다. 끝으로 ❸ 맨 위에 있는 사각형 모양 레이어를 하나 더 복제해서(Ctrl+J) 원고지 디자인을 완성합니다.

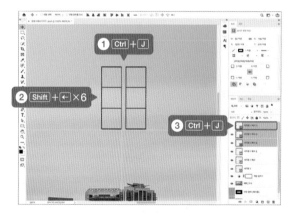
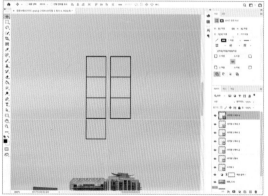

06 레이어 패널에서 ❶ Shift 를 누른 채 [사각형 1] 레이어를 클릭하여 모든 사각형 레이어를 다중 선택한 다음 Ctrl + G 를 눌러 그룹으로 묶습니다. ❷ Ctrl + T 를 눌러 자유 변형을 실행한 후 ❸ 안내선을 기준으로 중앙 정렬되도록 드래그해서 배치합니다.

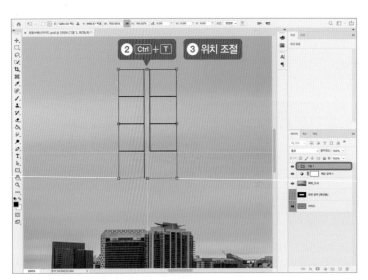 

> **▶ TIP** 여러 개의 레이어를 그룹(Ctrl + G)으로 묶으면 하나의 폴더처럼 관리할 수 있습니다. 언제든 그룹의 화살표 모양 아이콘을 눌러 포함된 레이어를 감추거나 펼칠 수 있으므로 레이어가 많은 작업을 할 때 매우 유용합니다.

07 도구 패널에서 ❶ 〈수평 문자 도구 (T)〉 T 를 길게 눌러 〈세로 문자 도구 (T)〉 T 를 선택합니다. ❷ 문자 패널에서 ❸ 글꼴: 에스코어 드림, 3 Light, 크기: 9pt, 행간: 14pt, 자간: 310, 색상: #3568b7을 적용하고 ❹ 캔버스에서 빈 곳을 클릭합니다. 문자 편집 상태가 되면 **그래도 괜찮아요**를 2줄로 입력하고 ❺ Ctrl + Enter 를 눌러 입력을 마칩니다.

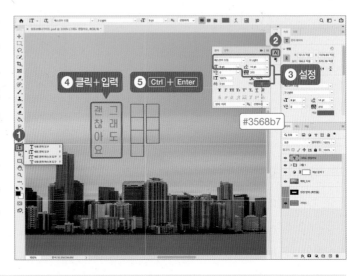

> **▶ TIP** 〈세로 문자 도구(T)〉 T 처럼 숨겨진 도구는 기본으로 표시된 도구를 길게 누르거나 기본 도구를 선택한 후 Shift 를 누른 채 해당 단축키를 누르면 선택할 수 있습니다. 예를 들어 〈세로 문자 도구(T)〉 T 는 〈수평 문자 도구(T)〉 T 가 선택된 상태에서 Shift + T 를 누르면 선택됩니다.

08 도구 패널에서 ❶ 〈이동 도구 (V)〉⊕를 선택한 후 ❷ 입력한 문자를 드래그해서 만들어둔 원고지 틀 안에 배치합니다.

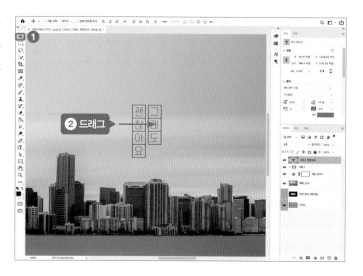

09 레이어 패널에서 ❶ 사각형 모양 레이어 그룹인 [그룹 1] 그룹을 선택하고 ❷ **블렌딩 모드: 소프트 라이트**를 적용합니다. 진한 검은색 원고지 디자인이 뒷배경과 자연스럽게 어울리도록 보정됩니다.

▶TIP 레이어와 레이어를 다양한 모드로 혼합할 수 있는 블렌딩 기능을 이용하면 의도치 않게 멋진 결과물을 얻을 수 있습니다. [소프트 라이트] 이외에 다양한 옵션 값을 선택해서 변화를 관찰해보세요.

10 끝으로 ❶ 〈수평 문자 도구(T)〉 T를 선택하고 ❷ 문자 패널에서 ❸ **글꼴: 에스코어 드림, 2 Light, 크기: 6pt, 자간: 400, 색상: #ffffff**를 적용한 후 캔버스 좌우를 각각 클릭하여 ❹ **하루하루**와 ❺ **힘들지만**을 입력합니다. ❻ Ctrl + Shift + S 를 눌러 **파일 형식: PNG**로 저장합니다.

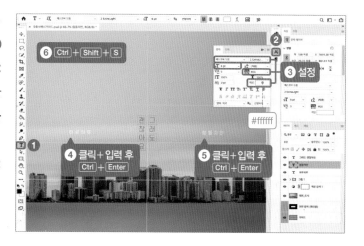

05 | 여러 디자인 소스를 활용한 배너

온라인 등에서 구한 다양한 이미지의 디자인 소스를 잘 조합해서 활용해도 완전히 새로운 디자인으로 탄생시킬 수 있습니다. 이미지 소스뿐 아니라 직접 만들었거나 다른 누군가가 만든 디자인에서 스타일을 가져와 내 디자인에 적용할 수도 있습니다. 디자인 소스를 활용하여 멋진 배너를 만들어보겠습니다.

- 완성 파일: 완성_소스활용배너.psd
- 예제 파일: 유튜브배너가이드.psd, 예제_leaf.jpg, 완성_우디티비.psd
- 사용 폰트: 여기어때 잘난체, 배달의민족 주아
- 캔버스 크기: 2560×1440픽셀
- 주요 사용 기능: 조정 레이어, 브러시 도구, 자동 선택 도구, 레이어 스타일 복사 & 붙여넣기
- 디자인 포인트: 디자인 소스를 잘 조합하여 새로운 디자인 완성하기

 결과 미리 보기

디자인 소스에 어울릴 배경 준비하기

무작정 디자인 소스를 배치하기보다는 소스에 잘 어울릴 배경을 준비한다면 디자인이 더욱 멋스러워질 겁니다. 디자인 소스와 잘 어울리는 레이아웃을 구성하고 배경을 만들어보겠습니다.

01 ❶ Ctrl + O 를 눌러 **유튜브배너가이드.psd** 예제 파일을 엽니다. 조정 레이어를 이용해 단색 배경을 만 들겠습니다. 레이어 패널 하단의 ❷ [조정 레이어] 아이콘을 누른 후 ❸ [단색] 메뉴를 선택합니다.

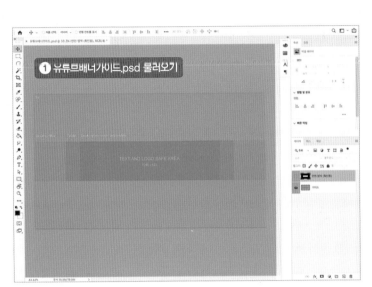

02 색상 피커 창이 열리면 ❶ **색상: #ffffff**를 적용한 후 ❷ [확인] 버튼을 클릭합니다. 흰색 배경이 완성되 면 안전 영역을 확인하기 위해 ❸ Ctrl + ; 을 눌러 안내선을 표시합니다.

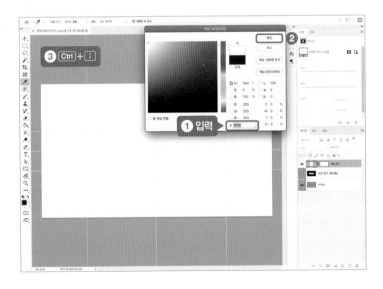

03 간단한 무늬를 만들어보겠습니다. 레이어 패널 하단에서 ❶ [새 레이어 만들기]🔲 아이콘을 눌러 새로운 레이어를 추가합니다. 도구 패널에서 ❷ 〈브러시 도구(ⓑ)〉🖌️를 선택한 후 옵션 패널에서 ❸ 브러시 모양 옵션 아이콘을 눌러 ❹ **종류: 일반 브러시−선명한 원, 크기: 100픽셀**로 설정합니다. 계속해서 ❺ **불투명도: 100%, 흐름: 100%, 보정:100%**를 적용합니다. 브러시 색상을 변경하기 위해 도구 패널 하단의 ❻ [전경색]을 클릭한 후 **색상: #395848**을 적용합니다.

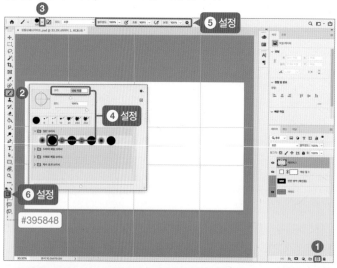

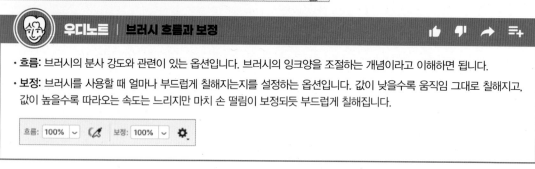

우디노트 | 브러시 흐름과 보정

· **흐름:** 브러시의 분사 강도와 관련이 있는 옵션입니다. 브러시의 잉크양을 조절하는 개념이라고 이해하면 됩니다.

· **보정:** 브러시를 사용할 때 얼마나 부드럽게 칠해지는지를 설정하는 옵션입니다. 값이 낮을수록 움직임 그대로 칠해지고, 값이 높을수록 따라오는 속도는 느리지만 마치 손 떨림이 보정되듯 부드럽게 칠해집니다.

04 브러시 설정이 끝나면 그림과 같이 안내선을 기준으로 왼쪽 위에 무늬가 될 테두리를 그리고, 이어서 오른쪽 아래에도 테두리를 그립니다.

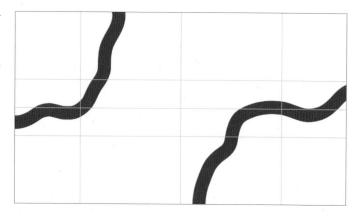

05 이제 테두리 안쪽에 색을 채우기 위해 옵션 패널에서 ❶ **보정: 0%**를 적용합니다. ❷ Ⅰ, Ⅰ를 눌러 적당한 브러시 크기로 조정한 후 ❸ 각 테두리 안쪽을 드래그하여 색을 칠합니다.

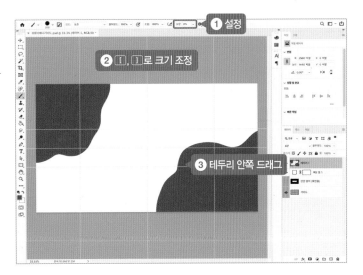

디자인 소스 가공 후 활용하기

새로 구한 디자인 소스의 바탕이 투명한 PNG 파일이면 좋겠지만, 그렇지 않은 경우가 많습니다. 힘들게 구한 디자인 소스의 바탕이 투명하지 않다면 한 번 더 가공한 후 사용해야겠죠? 레이어를 분리하여 디자인 소스로 활용하는 방법을 알아보겠습니다.

01 ❶ Ctrl + O를 눌러 예제_leaf.jpg 파일을 새로운 창으로 엽니다. 예제 이미지에는 4개의 나뭇잎이 하나의 레이어에 배치되어 있습니다. 나뭇잎을 각 레이어로 분리하기 위해 ❷ 〈자동 선택 도구(W)〉 ✎를 선택하고 옵션 패널에서 ❸ **인접** 옵션의 체크를 해제합니다. 그런 다음 ❹ 캔버스에서 흰색 부분을 클릭하여 모든 흰색 범위를 선택 영역으로 지정합니다.

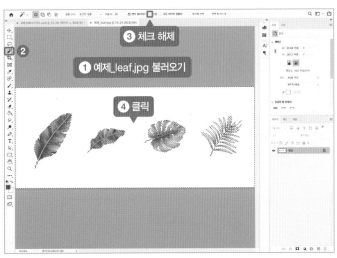

우디노트 | 자동 선택 도구와 인접 옵션

〈자동 선택 도구(W)〉 ✎는 선택한 색상과 같은 색상 부분을 자동으로 선택하는 도구입니다. [허용치] 옵션 값이 클수록 선택한 곳과 조금만 비슷해도 선택 영역으로 지정되고, [인접] 옵션의 체크를 해제하면 피사체 안쪽과 같이 서로 인접하지 않고 떨어져 있는 곳도 선택 영역으로 지정됩니다.

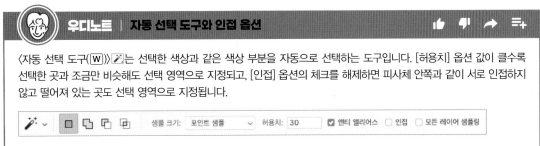

02 사용할 소스는 피사체(나뭇잎)이므로 ❶ Ctrl + Shift + I 를 눌러 선택 영역을 반전시킵니다. 나뭇잎이 선택 영역으로 지정되었으면 ❷ Ctrl + J 를 눌러 선택 영역만 복제합니다. 레이어 패널에서 [배경] 레이어의 ❸ 눈 모양 👁 아이콘을 끄면 투명을 의미하는 격자무늬 배경이 표시됩니다.

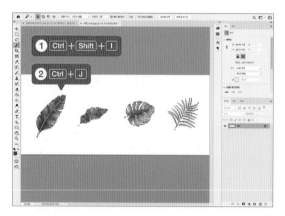 

> ▶TIP 포토샵에서 배경이 바둑판처럼 보이는 곳이 색상이 없는 투명한 영역이고, 알파(Alpha) 영역이라 부릅니다. 이미지를 저장할 때 JPG 파일은 투명한 알파 영역을 지원하지 않지만 PNG, GIF 또는 포토샵의 원본 파일인 PSD에서는 알파 영역을 저장할 수 있습니다.

03 이제 나뭇잎별 레이어를 분리하기 위해 ❶ 〈올가미 도구(L)〉 🔗 를 선택합니다. ❷ 나뭇잎 하나의 주변부를 드래그하여 선택 영역으로 지정한 후 ❸ Ctrl + J 를 눌러 선택 영역을 복제합니다. 레이어 패널을 보면 첫 번째 나뭇잎이 별도의 레이어로 분리된 것을 확인할 수 있습니다.

04 계속해서 두 번째 나뭇잎도 ❶ 〈올가미 도구(L)〉 ☿로 ❷ 선택 영역을 지정합니다. 그런 다음 레이어 패널에서 ❸ 전체 나뭇잎 이미지가 담겨 있는 [레이어 1] 레이어를 선택하고 ❹ Ctrl+J를 눌러 선택 영역을 복제합니다.

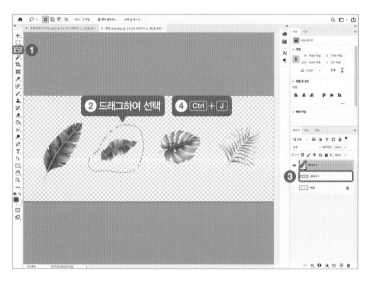
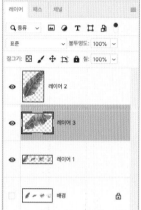

> ▶ **TIP** 선택 영역이 비어 있는 레이어를 선택한 채 복제하면 오른쪽과 같은 경고 창이 나타납니다. 그러니 오른쪽과 같은 경고 창이 나타나거나 전혀 다른 이미지가 복제된다면 어떤 레이어에 있는 이미지를 복제할지 생각하고, 레이어 패널에서 현재 어떤 레이어가 선택된 상태인지 확인해보세요.

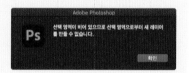

05 ❶ 나머지 세 번째, 네 번째 나뭇잎도 각각의 레이어로 분리했다면 ❷ Shift를 누른 채 최상단에 있는 첫 번째 나뭇잎 레이어(레이어 2)를 클릭해서 모든 나뭇잎 레이어를 다중 선택하고 Ctrl+C를 눌러 레이어를 복사합니다.

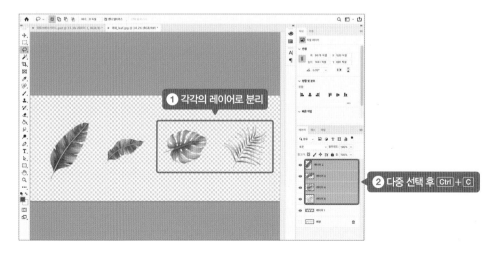

06 캔버스 상단에 있는 작업 창 탭에서 ❶ [유튜브배너가이드.psd]를 클릭해 작업 중이던 캔버스로 돌아온 후 ❷ Ctrl + V 를 눌러 나뭇잎 레이어들을 붙여 넣습니다.

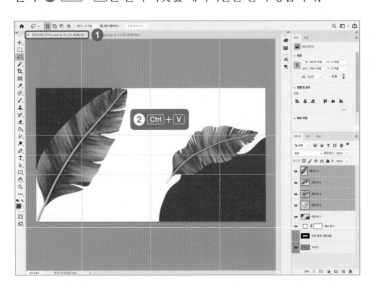

🖌 디자인 소스 위치 및 크기 조정하여 배치하기

하나의 이미지로 된 디자인 소스를 투명한 배경의 여러 레이어로 가공했습니다. 이제 복사해서 붙여 넣은 나뭇잎 레이어들을 자유 변형으로 조절하여 적절한 위치에 배치합니다.

01 붙여 넣은 나뭇잎들이 원본에서처럼 길게 배치되어 선택하기 어렵습니다. ❶ 〈이동 도구(V)〉 ⊕ 를 선택하고 옵션 패널에서 ❷ [수평 중앙 정렬] ➕ 과 [수직 가운데 정렬] ⊕ 아이콘을 각각 눌러 한 곳으로 모은 후 ❸ 드래그하여 캔버스 중앙에 배치합니다.

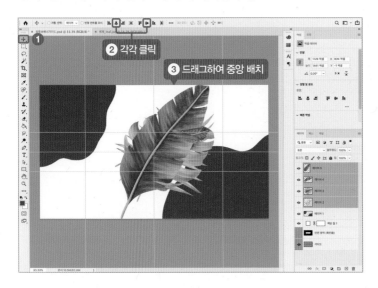

02 이제 각 나뭇잎을 배치합니다. 먼저 ❶ 최상단에 있는 [레이어 5] 레이어를 클릭해서 선택하고 ❷ 나머지 나뭇잎 레이어는 눈 모양 👁 아이콘을 끕니다. ❸ Ctrl+T를 눌러 자유 변형을 실행하여 ❹ 그림과 같이 크기와 위치를 조절합니다.

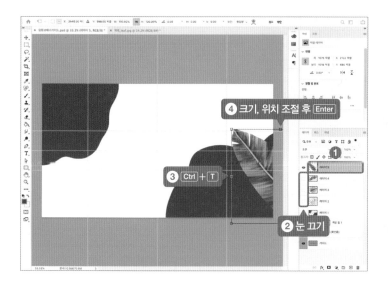

▶️ **TIP** 이미지 편집에서 빈번하게 사용하는 기능 중 하나가 자유 변형입니다. 조절점을 드래그하여 크기를 변경할 수 있고, 이미지 안쪽을 드래그하여 위치를 변경할 수 있으며, 조절점 바깥쪽을 드래그하여 이미지를 회전할 수도 있습니다. 자주 사용하는 기능이므로 단축키 Ctrl+T는 반드시 외워두는 것이 좋습니다.

03 마찬가지로 나머지 나뭇잎 레이어도 개별적으로 선택한 후 Ctrl+T를 눌러 자유 변형을 실행하여 그림과 같이 배치합니다.

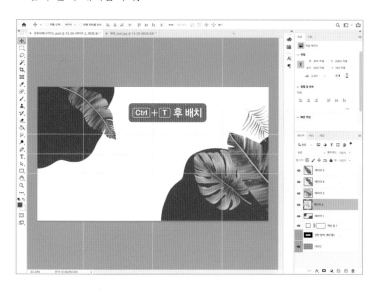

04 나뭇잎 하나를 더 추가하겠습니다. 레이어 패널에서 ❶ [레이어 3] 레이어를 선택한 후 ❷ 〈이동 도구(V)〉를 선택합니다. ❸ 캔버스에서 Alt를 누른 채 넓은 나뭇잎(레이어 3)을 왼쪽으로 드래그하여 나뭇잎을 복제합니다.

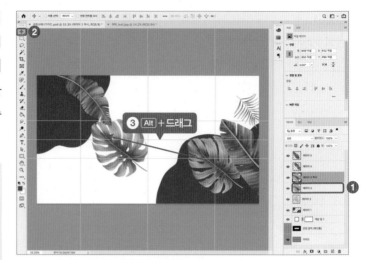

> **▶TIP** 레이어를 선택한 후 Ctrl+J를 눌러 복제해도 됩니다. 하지만 Ctrl+J를 눌러 복제한 후에는 다시 원하는 위치로 옮기는 과정이 필요합니다. 캔버스에서 Alt를 누른 채 드래그하면 복제와 배치를 한 번에 해결할 수 있습니다.

우디노트 | 이동 도구와 자동 선택 옵션

포토샵을 처음 설치한 후 〈이동 도구(V)〉를 선택한 뒤 옵션 패널을 보면 [자동 선택] 옵션이 체크되어 있습니다. [자동 선택] 옵션은 캔버스에서 이미지를 클릭하면 레이어 패널에서 해당 이미지의 레이어가 자동으로 선택되는 옵션입니다. 단순한 작업에서는 이 기능이 효과적일 수 있지만, 다양한 소스가 겹쳐 있는 복잡한 작업이라면 자칫 다른 레이어를 잘못 선택할 우려가 있습니다. 그러니 체크를 해제하고 필요할 때 Ctrl을 눌러 일시적으로 체크해서 사용하길 권장합니다.

- **자동 선택:** 체크되어 있으면 캔버스에서 클릭 한 번으로 관련 레이어를 자동으로 선택할 수 있습니다.
- **레이어/그룹:** [자동 선택] 옵션이 체크되어 있을 때 레이어를 자동으로 선택할지, 그룹을 선택할지 설정합니다.
- **변형 컨트롤 표시:** 체크하면 항상 자유 변형 상태로 선택됩니다.

05 ❶ Ctrl+T를 눌러 자유 변형을 실행한 후 ❷ 복제한 넓은 나뭇잎의 크기와 위치, 방향을 그림과 같이 조절하여 배치합니다. 레이어 패널에서 ❸ 복제된 레이어를 위로 드래그하여 최상단에 배치합니다.

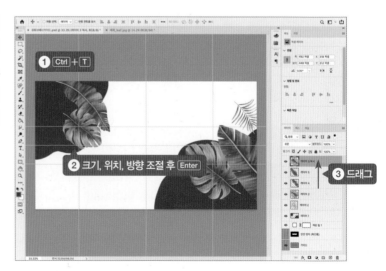

06 이번에는 잎이 얇은 나뭇잎(레이어 2)을 복제하고([Alt]+드래그), [Ctrl]+[T]를 눌러 자유 변형을 실행한 후 그림과 같이 배치합니다.

🖌 문자 스타일 적용하기

배경 디자인이 끝났습니다. 마지막으로 채널 이름이나 콘셉트 등의 문자를 배치하여 배너를 완성합니다. 이때 다른 디자인에 적용한 레이어 스타일을 복사해서 활용하는 방법까지 알아보겠습니다.

01 ❶ 〈수평 문자 도구([T])〉[T]를 선택하고 ❷ 문자 패널에서 ❸ **글꼴: 여기어때 잘난체, 크기: 25pt, 자간: 100, 색상: #395848**을 적용합니다. ❹ 캔버스 중앙 부분을 클릭하여 **Hi Guys**를 입력한 후 ❺ [Ctrl]+[Enter]를 눌러 입력을 마칩니다.

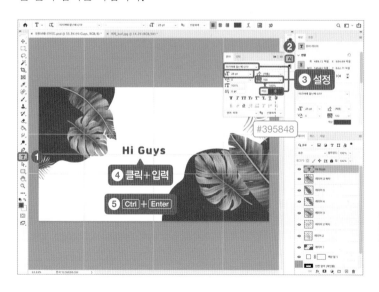

▶ **TIP** 문자 패널이 보이지 않으면 상단 메뉴에서 [창–문자]를 선택해서 열 수 있으며, 입력한 문자 위치를 변경할 때는 〈이동 도구([V])〉나 자유 변형([Ctrl]+[T])을 이용합니다.

02 다른 결과물의 레이어 스타일을 가져오기 위해 Ctrl+O를 눌러 이번 챕터의 LESSON 01에서 완성한 ❶ 완성_우디티비.psd 파일을 엽니다. 레이어 패널에서 ❷ [우디티비] 레이어를 선택하고 ❸ [마우스 우클릭]한 후 ❹ [레이어 스타일 복사] 메뉴를 선택하면 [우디티비] 레이어에 사용한 획, 내부 그림자 스타일이 복사됩니다.

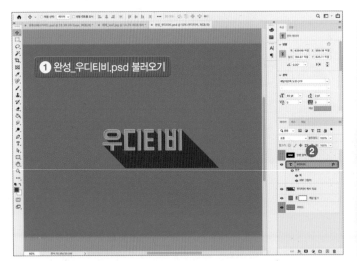
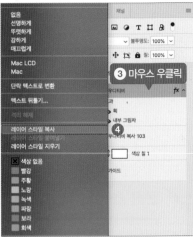

03 캔버스 상단 작업 탭에서 ❶ [유튜브배너가이드.psd] 제목을 클릭하여 작업 중이던 캔버스로 돌아옵니다. 레이어 패널에서 ❷ [Hi Guys] 문자 레이어를 [마우스 우클릭]한 후 ❸ [레이어 스타일 붙여넣기] 메뉴를 선택합니다. 복사한 획, 내부 그림자 레이어 스타일이 적용된 것을 확인할 수 있습니다.

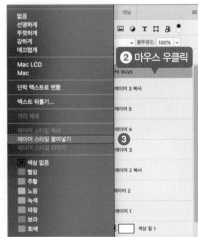

04 붙여 넣은 레이어 스타일을 디자인에 맞게 수정하기 위해 ❶ [획] 레이어 스타일을 더블 클릭합니다. 레이어 스타일 창이 열리면 ❷ **색상: #395848**을 적용합니다.

05 이어서 효과 목록에 있는 ❶ [내부 그림자]를 선택한 후 ❷ **색상: #ffffff**를 적용하고 ❸ [확인] 버튼을 클릭하여 수정을 마칩니다.

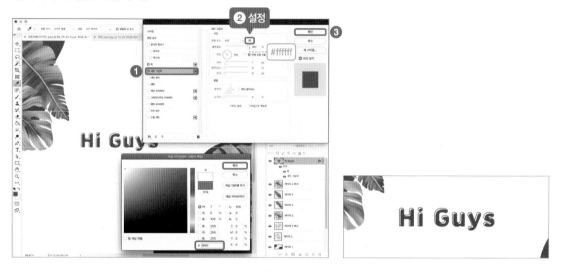

06 ❶ 〈수평 문자 도구(T)〉 T 를 선택하고 ❷ 문자 패널에서 ❸ **글꼴: 배달의민족 주아, 크기: 12pt, 자간: 100, 색상: #81ac60**을 적용합니다. ❹ 캔버스에서 채널 이름 아래쪽을 클릭한 후 채널 콘셉트나 설명 (woody howdy howdy) 등를 입력한 후 ❺ Ctrl + Enter 를 눌러 입력을 마칩니다. 최종적으로 ❻ 〈이동 도구(V)〉 ⊕ 나 자유 변형(Ctrl + T)을 사용하여 세부적인 위치나 크기 등을 정리한 후 ❼ Ctrl + Shift + S 를 눌러 **파일 형식: PNG**로 저장합니다.

CHAPTER 04

유튜브 섬네일 꾸미기

유튜브 섬네일은 마치 면접의 첫인상과 같습니다.
내 콘텐츠를 대표하면서 시청자와 첫 대면하게 될 얼굴과 같은 디자인 영역입니다.
섬네일만 잘 꾸며도 다른 경쟁 콘텐츠에 비해 더 많은 클릭을 유도할 수 있고,
채널의 디자인 통일성을 확보할 수 있습니다.
몇 가지 섬네일 형태를 실습해본 후 나만의 섬네일을 완성해보세요.

섬네일 디자인 전 알고 가기

▶️ 동영상 강의

섬네일 디자인의 기본 조건

유튜브에서 권장하는 섬네일(맞춤 미리보기 이미지) 디자인의 조건은 다음과 같습니다.

- **해상도:** 1280×720픽셀(너비 640픽셀 이상)

- **업로드 이미지 형식:** JPG, GIF, GMP, PNG

- **파일 크기:** 2MB 제한 준수

- **비율:** YouTube 플레이어 및 미리보기에서 가장 많이 사용되는 가로와 세로 16:9의 비율

완성한 섬네일 디자인 적용하기

완성한 섬네일 디자인은 최초 영상을 업로드할 때 바로 적용해도 되며, 업로드한 후에 유튜브 스튜디오 (https://studio.youtube.com/)를 이용해도 됩니다. 유튜브 스튜디오를 이용하는 방법은 다음과 같습니다.

01 유튜브 스튜디오에 접속한 후 화면 왼쪽에서 [콘텐츠]를 선택합니다. 업로드한 영상 목록이 표시되면 섬네일을 변경할 영상에서 연필 모양의 [세부정보] 아이콘을 클릭합니다.

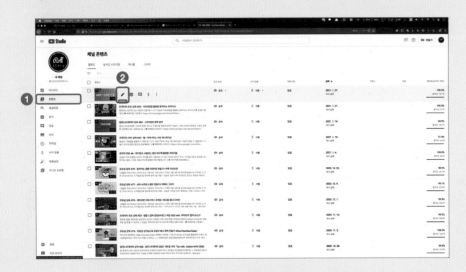

02 동영상 세부정보 화면이 열리면 미리보기 이미지 항목에서 [미리보기 이미지 업로드]를 클릭하여 새로운 섬네일을 적용할 수 있습니다.

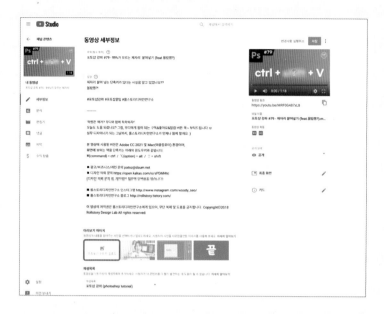

섬네일 디자인 시 주의점

모든 섬네일 디자인은 Youtube 커뮤니티 가이드를 준수해야 합니다. 다음 사항이 포함된 미리보기 이미지는 거부될 수 있으며 계정에 경고가 주어질 수 있습니다.

• 과도한 노출 또는 성적 호기심을 유발하는 콘텐츠

• 증오심 표현

• 폭력

• 유해하거나 위험한 콘텐츠

반복적으로 가이드를 위반하면 30일 동안 맞춤 미리보기 이미지를 사용할 수 없게 되며, 최종적으로 계정이 사라질 수 있으니 꼭 유의하기 바랍니다.

◀ Youtube 커뮤니티 가이드

LESSON 01 | 잘 고른 사진으로 완성한 심플 섬네일

디자인은 더하는 것보다 빼는 게 더 어려운 문제입니다. 보여주고 싶은 내용이 많다고 매우 작은 크기로 표시될 섬네일에 디자인 요소를 이것저것 추가하면 디자인이 복잡해질 수 있습니다. 가장 단순하게 꾸미는 방법을 이해하면 이후 복잡한 디자인은 얼마든지 할 수 있습니다. 우선 간단하면서 가독성 좋은 섬네일부터 완성해보세요.

- 완성 파일: 완성_심플한섬네일.psd
- 예제 파일: 예제_reading.jpg
- 사용 폰트: G마켓 산스
- 캔버스 크기: 1280×720픽셀
- 포토샵 기능: 자유 변형, 곡선, 그레이디언트, 수평 문자 도구, 블렌딩 모드
- 디자인 포인트: 단순하면서 가독성 좋은 섬네일 꾸미기

▶ 동영상 강의

🖥 결과 미리 보기

사진 배경 완성하기

섬네일 배경의 기본은 잘 고른 사진이 될 수 있습니다. 섬네일에 쓰기 위해 사진을 직접 촬영한다면 문구를 배치할 여백을 고려해 촬영하는 것이 더욱 효과적일 겁니다. 준비한 사진을 반전하고 간단히 보정하여 섬네일 배경을 완성해보겠습니다.

01 ❶ Ctrl+N 을 눌러 새로 만들기 문서 창을 열고 상단 사전 설정 유형에서 ❷ [웹] 탭을 클릭한 후 ❸ 아무 문서나 선택합니다. 세부 설정에서 ❹ **폭: 1280픽셀, 높이: 720픽셀, 아트보드: 해제**를 적용하고 ❺ [만들기] 버튼을 클릭합니다.

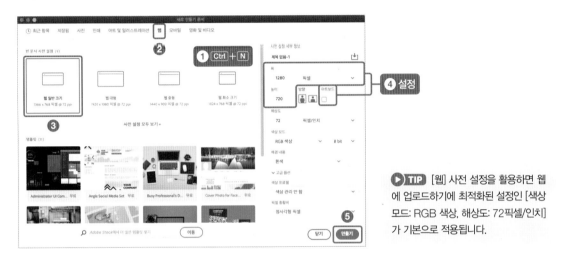

> ▶ TIP [웹] 사전 설정을 활용하면 웹에 업로드하기에 최적화된 설정인 [색상 모드: RGB 색상, 해상도: 72픽셀/인치]가 기본으로 적용됩니다.

02 유튜브 섬네일에 최적화된 사이즈인 1280×720픽셀 크기로 새로운 캔버스가 만들어집니다. 상단 메뉴에서 [파일-포함 가져오기]를 선택하고 배경 이미지로 사용할 **예제_reading.jpg** 파일을 찾아 불러옵니다.

03 화면을 좀 더 넓게 보기 위해 ❶ Ctrl + - 를 눌러 보기 배율을 축소합니다. 자유 변형 상태에서 중앙을 기준으로 크기를 조절하기 위해 ❷ Alt 를 누른 채 조절점을 바깥쪽으로 드래그하여 캔버스 가득 채우고 Enter 를 눌러 자유 변형을 마칩니다.

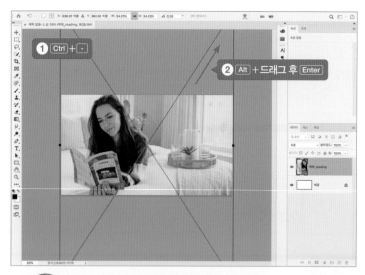

👍 👎 ➡ ☰+

우디노트 | 자유 변형 모드 Ctrl + T

포토샵에 이미지 등을 불러오면 항상 자유 변형 상태가 활성화되어 있습니다. 자유 변형 상태에서는 레이어 크기 변경을 비롯해 반전, 회전, 왜곡 등의 변형을 할 수 있습니다. 단축키 Ctrl + T 를 눌러 활성화하고 Enter 를 눌러 마칩니다.

04 ❶ Ctrl + T 를 눌러 자유 변형을 실행합니다. 이미지 위에서 ❷ [마우스 우클릭]한 후 ❸ [가로로 뒤집기]를 선택하면 이미지가 좌우 반전되면서 왼쪽에 여백이 생깁니다. ❹ Enter 를 눌러 자유 변형을 마칩니다.

▶TIP 보통 사람의 시선은 왼쪽에서 오른쪽으로 흐릅니다. 하지만 예제 사진은 왼쪽이 아닌 오른쪽에 여백이 있어 문자를 배치했을 때 상대적으로 가독성이 떨어질 수 있습니다. 그래서 사진을 좌우 반전했습니다.

05 반전한 사진의 밝기를 조절하기 위해 상단 메뉴에서 [이미지-조정-곡선]을 선택합니다.

06 곡선 창이 열리면 ❶ 사진 속 인물의 이마 부분을 클릭합니다. 곡선 창을 보면 곡선 그래프에 조절점이 추가되었습니다. ❷ 해당 조절점을 위쪽으로 드래그하여 인물의 피부를 포함해 사진의 전반적인 노출을 높이고 ❸ [확인] 버튼을 클릭하여 창을 닫습니다.

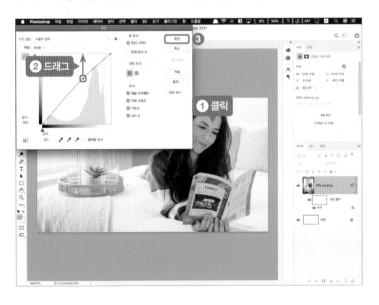

Curves라고 불리는 곡선 그래프는 조절점을 추가하여 사진의 노출 및 색조를 조절할 수 있습니다. 곡선 그래프에서 윗부분에 있는 조절점은 밝은 영역을, 중간 부분에 있는 조절점은 중간 영역을, 아랫부분에 있는 조절점은 어두운 영역을 조절할 때 사용합니다. 다음과 같이 중간 조절점을 이용해 전체적인 이미지의 밝기를 조절할 수 있으며, 조절점을 추가하여 S자 곡선을 만들면 대비를 강조할 수 있습니다.

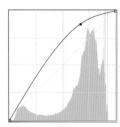 

▲ 밝은 이미지

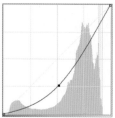 

▲ 어두운 이미지

▲ S자 곡선-대비 강조

▶ TIP 곡선 위를 클릭하여 조절점을 추가할 수 있습니다.

가독성을 높여줄 그레이디언트 만들기

자연스러운 사진 보정을 마쳤다면 이제 문구를 입력할 차례입니다. 하지만 밝은 사진에 흰색 문자는 가독성이 떨어져 보이겠죠? 보정한 사진은 건드리지 않고 가독성을 높일 수 있도록 그레이디언트 배경을 만들겠습니다.

01 레이어 패널 하단의 ❶ [조정 레이어] 🖊️ 아이콘을 클릭한 후 ❷ [그레이디언트]를 선택합니다. 그레이디언트 칠 창이 열리면 ❸ **각도: 0도**를 적용하고 ❹ **그레이디언트** 옵션을 클릭합니다. 그레이디언트 편집기 창이 열리면 ❺ **사전 설정: 기본 사항-검정, 흰색**을 선택합니다.

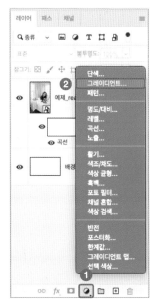
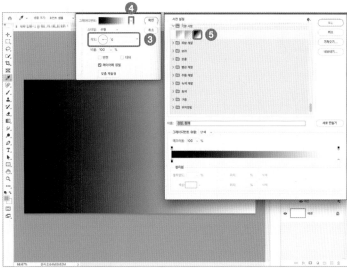

▶️ **TIP** 사전 설정에 있는 기본적인 옵션 값이 보이지 않는다면 사전 설정 오른쪽에 있는 톱니바퀴 모양의 [옵션] ⚙️ 아이콘을 클릭하고 [기본 그레이디언트 첨부]를 선택하세요. 언제든지 기본 사전 설정 값을 추가할 수 있습니다.

02 선택한 기본 그레이디언트를 변경하여 투명한 상태로 변경하겠습니다. 그레이디언트 바의 ❶ 왼쪽 위에서 [불투명도 정지점]을 클릭하여 선택하고 ❷ **불투명도: 90%**를, ❸ 오른쪽 위에 있는 [불투명도 정지점]을 클릭하여 ❹ **불투명도: 0%, 위치: 70%**를 적용합니다.

03 이어서 그레이디언트 바의 ❶ 오른쪽 아래에 있는 [색상 정지점]을 더블 클릭하고 ❷ **색상: #000000**을 적용합니다. 끝으로 ❸❹ 각 창의 [확인] 버튼을 클릭하여 닫습니다. 이로써 검정 배경에서 오른쪽으로 갈수록 점점 투명해지는 그레이디언트 배경이 완성되었습니다.

우디노트 | 그레이디언트 편집하기

그레이디언트 편집기 창에서 아래쪽에 있는 그레이디언트 바를 보면 위쪽에 불투명도를 담당하는 [불투명도 정지점]이 있고, 아래쪽에는 색상을 담당하는 [색상 정지점]이 있습니다. 각 정지점을 클릭해서 선택하면 그레이디언트 바 아래쪽으로 정지점 편집 옵션이 표시됩니다.

그레이디언트 바에서 빈 곳을 클릭하면 새로운 정지점을 추가할 수 있고, [정지점]을 그레이디언트 바 바깥으로 드래그하면 삭제할 수도 있습니다.

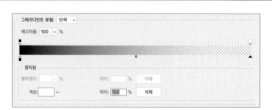

콘텐츠를 대표할 문자 꾸미기

그레이디언트 배경을 추가함으로써 왼쪽 영역에 글자를 입력할 조건이 갖추어졌습니다. 이제 콘텐츠를 명확하게 파악할 수 있는 내용을 입력하면 끝입니다.

01 ❶ 〈수평 문자 도구(T)〉 T 를 선택하고 ❷ 문자 패널에서 ❸ 글꼴: G마켓 산스, Bold, 크기: 130pt, 행간: 130pt, 자간: 0, 색상: #ffffff를 적용합니다. ❹ 캔버스에서 왼쪽 여백을 클릭하여 **누워서본 신비한 이야기**를 3줄에 입력하고 ❺ Ctrl + Enter 를 눌러 문자 편집을 마칩니다.

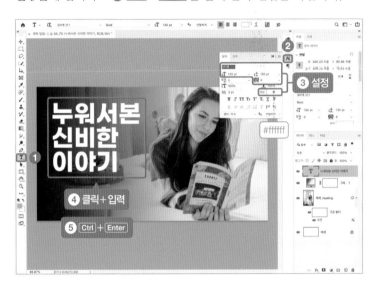

▶ TIP 입력한 글자의 위치를 조절할 때는 〈이동 도구(V)〉 ⊹ 를 선택하거나 자유 변형(Ctrl + T)을 실행한 후 드래그합니다.

02 다시 한 번 ❶ 〈수평 문자 도구(T)〉 T 를 선택하고 ❷ 문자 패널에서 ❸ 글꼴: G마켓 산스, Medium, 크기: 50pt를 적용한 후 ❹ 그림과 같이 서브 카피를 입력하고 위치를 조절합니다.

▶ TIP 레이어 패널에서 기존 문자 레이어를 선택한 후 Ctrl + J 를 눌러 복제하고 옵션과 내용을 수정하면 더 쉽게 완성할 수 있습니다. 복제된 문자 레이어는 기존 문자 속성을 그대로 지니고 있으며, 문자 레이어의 섬네일을 더블클릭하거나 캔버스에 있는 문자를 더블클릭하면 문자를 편집할 수 있습니다.

03 서브 카피에 포인트를 추가하기 위해 배경 영역을 만들겠습니다. ❶ 〈사각형 도구(U)〉□를 선택하고 상단의 옵션 패널에서 ❷ **칠: #5c00ff, 획: 색상 없음**을 적용합니다.

⚠️ **2021 이상 버전이라면**
'사각형 도구' 옵션 패널에서 [둥근 모퉁이 반경]을 [0픽셀]로 설정합니다. ⌐0픽셀

▶TIP [칠]이나 [획] 옵션에서 색상을 변경할 때는 [색상 피커]□ 아이콘을 클릭하여 색상 값을 입력하고, 색상을 사용하지 않을 때는 [색상 없음]☑을 선택합니다.

04 ❶ 서브 카피 왼쪽 위에서 대각선으로 드래그하여 사각형을 그립니다. 레이어 패널에서 ❷ [사각형 1] 레이어가 서브 카피 문자 레이어보다 아래에 위치하도록 조정하면 사각형 위로 서브가 표시됩니다.

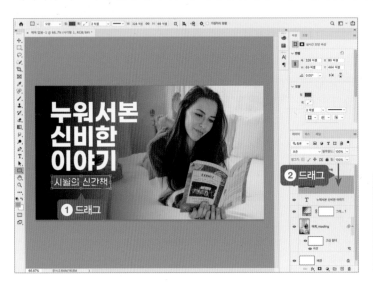

▶TIP 사각형의 위치나 크기가 맞지 않으면 자유 변형(Ctrl+T)을 실행한 후 조절하고, 미세하게 위치를 조절하려면 〈이동 도구(V)〉⊕를 선택한 후 방향키를 이용합니다.

05 ❶ 레이어 패널에서 [사각형 1] 레이어를 선택한 후 ❷ **블렌딩 모드: 색상 닷지**를 적용하면 배경과 보다 잘 어울리게 혼합됩니다. 디자인이 완성되었습니다. ❸ Ctrl + Shift + S 를 눌러 **파일 형식: PNG**로 최종 결과물을 저장합니다.

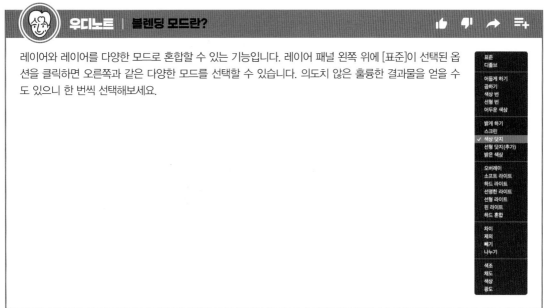

우디노트 | **블렌딩 모드란?**

레이어와 레이어를 다양한 모드로 혼합할 수 있는 기능입니다. 레이어 패널 왼쪽 위에 [표준]이 선택된 옵션을 클릭하면 오른쪽과 같은 다양한 모드를 선택할 수 있습니다. 의도치 않은 훌륭한 결과물을 얻을 수도 있으니 한 번씩 선택해보세요.

LESSON 02 | 액자 속 이미지 같은 프레임 섬네일

섬네일에 프레임을 적용하면 마치 액자 속 그림을 보는 것처럼 보는 사람의 시선이 프레임 안쪽으로 쏠려 집중할 수 있게 됩니다. 여기에 프레임을 이용한 입체감까지 표현하여 시청자를 사로잡을 섬네일을 만들어보겠습니다.

- 완성 파일: 완성_프레임섬네일.psd
- 예제 파일: 예제_고백.jpg
- 사용 폰트: 여기어때 잘난체
- 캔버스 크기: 1280 × 720픽셀
- 포토샵 기능: 사각형 도구, 라운드 적용하기, 레이어 스타일, 레이어 래스터화
- 디자인 포인트: 사진과 어울리는 프레임 배치하기

▶ 동영상 강의

▦ 결과 미리 보기

EP.01

결국 고백을 해버렸다

시선이 집중되는 프레임 만들기

한 편의 영화처럼, 멋진 장면을 프레임 속에 배치합니다. 프레임 속으로 시선이 집중되는 효과를 직접 느낄 수 있을 겁니다.

01 ❶ Ctrl+N을 눌러 새로 만들기 문서 창을 엽니다. 상단 사전 설정 유형에서 ❷ [웹] 탭을 클릭하고 ❸ 아무 문서나 선택한 다음 ❹ **폭: 1280픽셀, 높이: 720픽셀, 아트보드: 해제**를 적용하고 ❺ [만들기] 버튼을 클릭합니다.

02 유튜브 섬네일에 최적화된 1280×720픽셀의 캔버스를 만들었습니다. 배경 상단 메뉴에서 [파일-포함 가져오기]를 선택하고 예제 파일 중 **예제_고백.jpg** 파일을 찾아 불러옵니다. 자유 변형 상태로 이미지가 배치됩니다.

03 ❶ 작업 편의를 위해 Ctrl+- 를 눌러 화면 배율을 축소합니다. 중앙을 기준으로 이미지 크기를 조절하기 위해 ❷ Alt 를 누른 채 조절점을 바깥쪽으로 드래그하여 캔버스 가득 이미지로 채우고 ❸ Enter 를 눌러 자유 변형을 마칩니다.

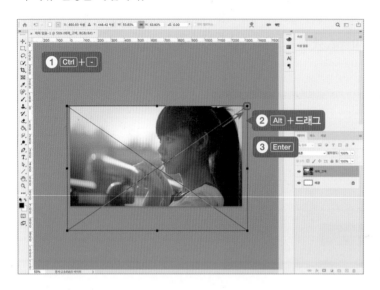

▶ TIP Ctrl+R 을 누르면 작업 창 왼쪽과 위쪽에 눈금자가 표시되어 크기나 위치를 편하게 확인할 수 있습니다.

04 프레임을 만들기 위해 ❶ 〈사각형 도구(U)〉 □를 선택하고 옵션 패널에서 ❷ 칠: 색상 없음, 획: #00ff9c, 10픽셀, 정렬: 안쪽 정렬을 적용합니다.

05 ❶ 캔버스에서 중앙을 클릭한 후 사각형 만들기 창이 열리면 ❷ 폭: 1220픽셀, 높이: 660픽셀, 중앙부터: 체크로 적용하고 ❸ [확인] 버튼을 클릭합니다. 클릭한 지점을 중심으로 지정한 크기의 사각형 프레임이 그려 집니다.

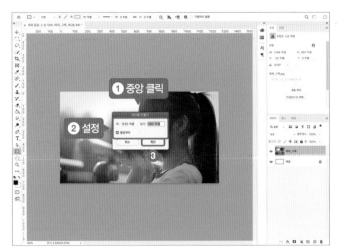

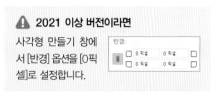

⚠ 2021 이상 버전이라면

사각형 만들기 창에 서 [반경] 옵션을 [0픽 셀]로 설정합니다.

 TIP 프레임의 위치를 미세하게 조절하려면 〈이동 도구([V])〉⊕를 선택한 후 키보드의 방향키를 이용하세요. 섬네일 크기와 같은 1280×720픽셀로 프레임을 만들면 캔버스 끝에서 시작하는 프레임을 만들 수 있습니다.

06 입체감을 살리기 위해 인물과 겹치는 부분의 프레임을 지 우겠습니다. 레이어 패널에서 ❶ [사각형 1] 레이어를 [마우스 우클릭]한 후 ❷ [레이어 레스터화]를 선택하여 일반 레이어로 바꿉니다.

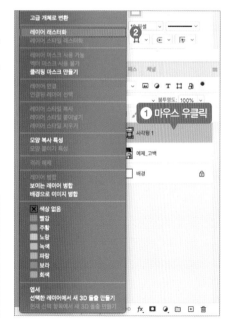

우디노트 | 레이어 래스터화

문자 레이어, 모양 레이어, 벡터 마스크, 고급 개체 등의 특정한 레이 어들은 내용을 지우거나 필터 등을 적용할 수 없습니다. 이러한 특수 레이어를 수정할 수 있는 일반 레이어로 변경해야 하는데, 이 기능이 [레이어 래스터화]입니다.

07 ❶ 〈지우개 도구(E)〉 ✍.를 선택하고 옵션 패널에서 ❷ **브러시 모양: 일반 브러시–선명한 원**을 적용합니다. ❸ 캔버스에서 인물에 겹치는 프레임을 드래그하여 모두 지웁니다. 이때 단축키 [ ], [ ] 를 눌러 브러시 크기를 조절하면서 지우면 조금 더 편리합니다.

> ▶ **TIP** 겹치는 부분을 정교하게 지우려면 Ctrl + + 를 눌러 화면을 확대한 후 작업하세요. 한 화면에 이미지가 모두 표시되지 않을 정도로 확대했다면 Spacebar 를 누른 채 드래그합니다. 이때 〈손 도구〉가 일시적으로 활성화되어 화면 이동이 가능해집니다.

테두리로 문자 가독성 높이기

사진과 함께 프레임 꾸미기를 마쳤다면 이제 문자를 입력할 차례입니다. 사진처럼 복잡한 배경에 문자를 입력할 때는 별도의 배경을 만들거나 이번 실습처럼 문자에 테두리를 넣어 가독성을 높일 수 있습니다.

01 ① 〈수평 문자 도구(T)〉 T를 선택히고 ② 문지 패널에서 ③ 글꼴: 여기어때 잘난체, 크기: 120pt, 행간: 130pt, 자간: 0, 색상: #ffffff를 적용합니다. ④ 문자 입력 위치를 클릭하여 **결국 고백을 해버렸다**를 3줄로 입력한 후 ⑤ Ctrl + Enter 를 눌러 입력을 마칩니다.

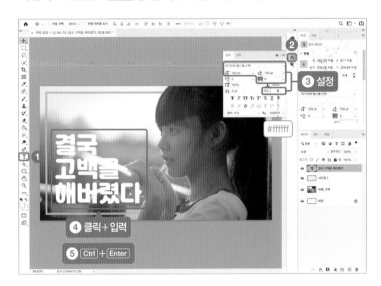

▶TIP 정확한 위치 조절은 〈이동 도구(V)〉 ⊕ 를 이용하거나 자유 변형(Ctrl + T)을 실행한 후 드래그하세요.

02 획(테두리)을 적용하여 가독성을 높이겠습니다. 레이어 패널에서 ① 문자 레이어 이름 오른쪽 빈 공간을 더블 클릭합니다. 레이어 스타일 창이 열리면 ② [획]을 선택한 후 ③ 크기: 4px, 위치: 바깥쪽, 색상: #000000을 적용하고 ④ [확인] 버튼을 클릭합니다.

03 레이어 패널에서 ❶ 문자 레이어의 섬네일을 더블 클릭하여 문자 편집 모드를 활성화합니다. ❷ 캔버스에 **결국 고백** 부분만 드래그하여 선택한 다음, 문자 패널에서 ❸ **색상: #00ff9c**를 적용하고 ❹ Ctrl + Enter 를 눌러 문자 편집을 마칩니다.

🖌️ 시리즈 콘텐츠를 표현할 배너 만들기

한 편으로 끝나지 않고 여러 편으로 이어지는 유튜브 콘텐츠라면 시청자들이 쉽게 확인할 수 있도록, 섬네일에도 시리즈임을 알 수 있는 장치를 디자인해주면 좋습니다. 여기서는 배너를 이용해 시리즈를 표현해보겠습니다.

01 작은 문자가 들어갈 배너를 만들기 위해 ❶ 〈사각형 도구(U)〉 를 선택하고 옵션 패널에서 ❷ **칠: #00ff9c, 획: 색상 없음**을 적용합니다. ❸ 캔버스에서 빈 공간을 클릭하고 사각형 만들기 창이 열리면 ❹ **폭: 270픽셀, 높이: 75픽셀**을 적용한 후 ❺ [확인] 버튼을 클릭합니다.

> ⚠️ **2021 이상 버전이라면**
> 사각형 만들기 창에서 [반경] 옵션을 [100 픽셀]로 설정하여 02 과정까지 한 번에 해결할 수 있습니다.

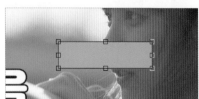

02 직사각형의 모서리를 둥글게 변경해보겠습니다. 레이어 패널 위쪽에 있는 속성 패널의 '모양' 영역에서 **왼쪽 상단 모퉁이 반경**에 **100픽셀**을 입력하고 Enter를 누릅니다. 자동으로 모퉁이 반경으로 지정할 수 있는 최댓값이 입력되고, 네 곳의 모퉁이가 모두 둥글게 바뀝니다.

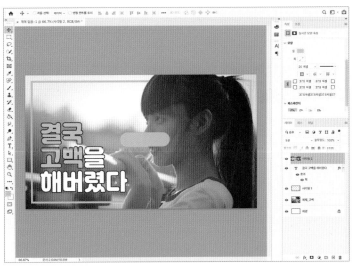

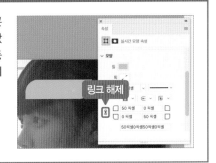

우디노트 | **링크에 따른 모양 변화**

속성 패널에서 모퉁이 반경 옵션 왼쪽을 보면 사슬 모양의 [링크] 🔗 아이콘이 표시되어 있으며, 기본 값으로 활성화되어 있습니다. 즉, 한쪽 모퉁이 값만 변경하면 4곳의 모퉁이 값이 모두 동일하게 변경됩니다. 만약 한쪽만 둥글게 표현하고 싶다면 [링크] 아이콘을 클릭해서 해제한 후 원하는 방향에 값을 입력하고 적용하면 됩니다.

2021 이상 버전이라면 사각형 만들기 창에서 동일하게 설정할 수 있습니다.

03 ❶ 〈이동 도구(V)〉➕를 선택하거나 Ctrl+T를 눌러 자유 변형을 실행한 후 ❷ 드래그하여 그림과 같은 위치에 배너를 배치합니다.

04 입체감을 표현하기 위해 ❶ Ctrl+J를 눌러 배너 모양을 복제합니다. 레이어 패널에서 ❷ 복제된 [사각형 2 복사] 레이어의 섬네일을 더블 클릭하고, 색상 피커 창이 열리면 ❸ **색상: #008a54**를 적용한 후 ❹ [확인] 버튼을 클릭합니다.

05 레이어 패널에서 ❶ [사각형 2 복사] 레이어를 [사각형 2] 레이어 아래로 드래그하여 순서를 바꾸고 ❷ ⟨이동 도구(V)⟩⊕를 선택한 후 ❸ Shift+→, Shift+↓를 각각 한 번씩 누릅니다. 진한 초록색 배너 가 오른쪽과 아래쪽 방향으로 10px씩 이동되면서 입체감이 표현됩니다.

06 배너 안에 문자를 입력하겠습니다. ❶ 〈수평 문자 도구(T)〉 T 를 선택하고 ❷ 문자 패널에서 ❸ 글꼴: 여기어때 잘난체, 크기: 60pt, 자간: 0, 색상: #008a54를 적용한 다음 ❹ 캔버스에서 빈 곳을 클릭합니다. 문자 편집 상태가 되면 EP. 01을 입력한 후 ❺ Ctrl + Enter 를 눌러 문자 편집을 마칩니다.

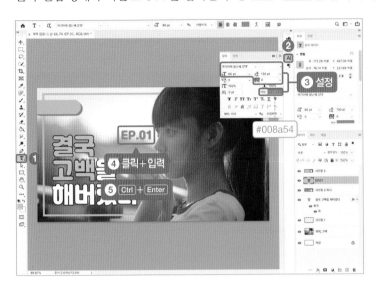

07 레이어 패널에서 ❶ 문자 레이어를 가장 위로 드래그해서 순서를 바꿉니다. ❷ 〈이동 도구(V)〉 ⊕ 를 선택한 후 ❸ 배너 위로 드래그해서 옮기면 디자인이 완성됩니다. ❹ Ctrl + Shift + S 를 눌러 **파일 형식: PNG**로 최종 결과물을 저장합니다.

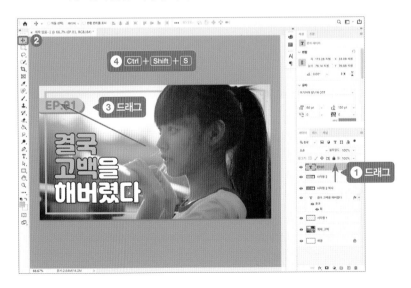

03

스토리가 담긴
분할 섬네일

비록 작은 크기의 섬네일이지만 대비되는 이미지나 색상을 활용하여 분할하면 주목도를 더욱 높일 수 있습니다. 또한 레이아웃을 분할하여 하나의 섬네일에 여러 장의 이미지를 담을 수 있다면 스토리가 담긴 섬네일을 만들 수 있습니다. 포토샵의 마스크 기법을 활용하여 분할된 섬네일을 만들어보겠습니다.

- 완성 파일: 완성_분할섬네일.psd
- 예제 파일: 예제_터키01.jpg, 예제_터키02.jpg
- 사용 폰트: 국민박물관문화재단클래식
- 캔버스 크기: 1280 × 720픽셀
- 포토샵 기능: 클리핑 마스크, 눈금자 & 안내선, 레이어 스타일, 레이어 마스크
- 디자인 포인트: 클리핑 마스크와 레이어 마스크를 활용하여 분할 섬네일 만들기

 결과 미리 보기

클리핑 마스크 기능으로 화면 분할하기

섬네일에 여러 장의 사진을 담기 위해 포토샵의 마스크 기능 중 하나인 클리핑 마스크를 사용합니다. 클리핑 마스크는 의외로 자주 사용하는 기능이므로 이번 실습을 통해 확실하게 활용 방법을 파악해두면 다른 디자인을 할 때도 도움이 됩니다.

01 ❶ Ctrl + N 을 눌러 새로 만들기 문서 창을 엽니다. 상단 사전 설정 유형에서 ❷ [웹] 탭을 클릭하고 ❸ 아무 문서나 선택한 다음 ❹ **폭: 1280픽셀, 높이: 720픽셀, 아트보드: 해제**를 적용하고 ❺ [만들기] 버튼을 클릭합니다.

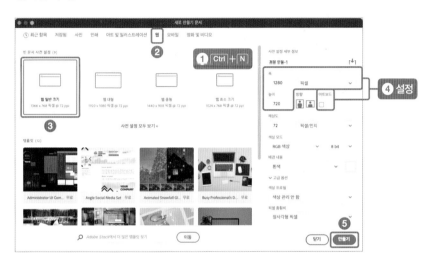

02 유튜브 섬네일에 최적화된 1280×720픽셀의 캔버스를 만들었습니다. ❶ Ctrl + R 을 눌러 눈금자를 표시하고 ❷ 왼쪽 눈금자 안쪽에서 캔버스 쪽으로 드래그하여 중앙에 **안내선**을 만듭니다.

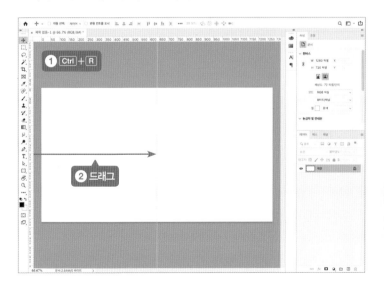

▶ **TIP** 안내선은 PNG 등 최종 포맷으로 저장하면 보이지 않고, 포토샵에서만 보이는 가이드라인입니다. 단축키 Ctrl + ; 을 눌러 일괄 가리거나 다시 표시할 수 있습니다.

03 상단 메뉴에서 ① [파일 – 포함 가져오기]를 선택하여 **예제_터키01.jpg**를 불러옵니다. 자유 변형 상태로 이미지가 배치되면 ② 안내선을 기준으로 오른쪽에 주로 보이도록 드래그해서 위치를 옮긴 후 ③ Enter 를 눌러 자유 변형을 마칩니다.

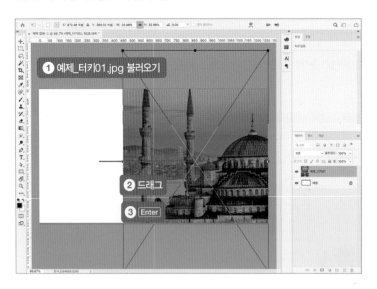

04 클리핑 마스크를 적용하려면 기준이 될 틀이 필요합니다. ① 〈사각형 도구(U)〉 □를 선택하고 옵션 패널에서 ② **칠: 검정, 획: 색상 없음**을 적용한 다음 ③ 캔버스 왼쪽 영역에서 중앙을 클릭합니다. 사각형 만들기 창이 열리면 ④ **폭: 640픽셀, 높이: 720픽셀, 중앙부터: 체크**를 적용하고 ⑤ [확인] 버튼을 클릭합니다.

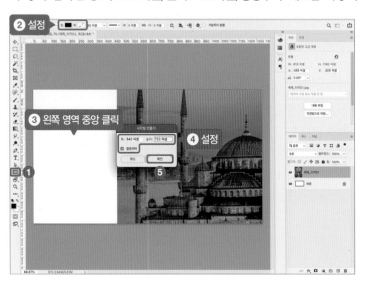

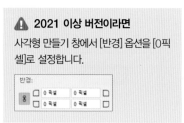

⚠ **2021 이상 버전이라면**

사각형 만들기 창에서 [반경] 옵션을 [0픽셀]로 설정합니다.

05 캔버스 왼쪽을 가득 채우는 사각형이 만들어집니다. 위치가 맞지 않으면 〈이동 도구(Ⅴ)〉 ⊕를 선택한 후 드래그하거나 키보드 방향키를 이용해 정확하게 맞춥니다.

06 클리핑 마스크를 적용할 '틀'이 완성되었습니다. 이제 클리핑 마스크 기능으로 틀 안에 이미지를 넣어 보겠습니다. 먼저 상단 메뉴에서 ❶ [파일 – 포함 가져오기]를 선택한 후 **예제_터키02.jpg**를 불러와 ❷ 그림 과 같이 배치하고 ❸ Enter 를 눌러 자유 변형을 마칩니다.

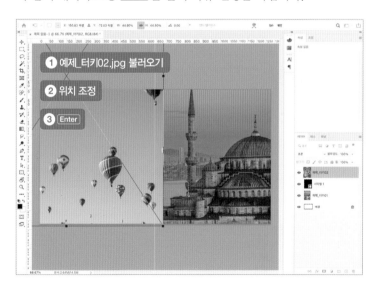

07 이제 클리핑 마스크 기능을 적용하면 틀 내에서만 원하는 이미지를 표시할 수 있습니다. Alt 를 누른 채 레이어 패널에서 틀에 해당하는 [사각형 1] 레이어와 표시할 이미지인 [예제_터키02] 레이어 사이를 클릭합니다.

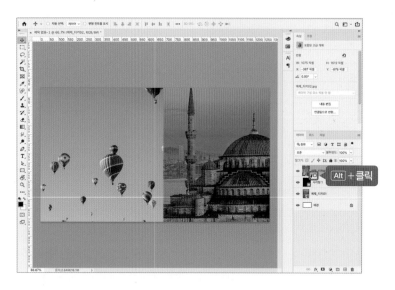

08 레이어 패널을 보면 Alt 를 누른 채 클릭한 위치를 기준으로 위쪽 레이어가 오른쪽으로 들어간 것을 볼 수 있으며, 캔버스를 보면 중간 경계를 넘어서까지 표시되던 이미지가 틀 안쪽에만 표시된 것을 알 수 있습니다. 이로써 캔버스를 이등분하여 2개의 이미지를 분할 배치했습니다.

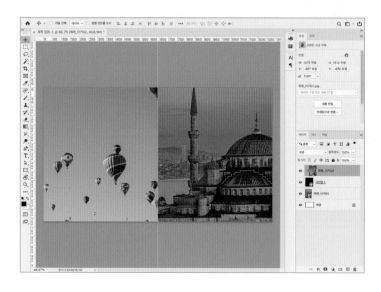

우디노트 | 클리핑 마스크

클리핑 마스크를 사용하면 레이어의 일부를 숨기거나 표시할 수 있습니다. 이러한 클리핑 마스크를 적용하려면 기준이 될 틀 레이어와 틀 안에 표시할 이미지 등의 레이어가 필요합니다. 틀 레이어가 아래쪽에, 이미지 레이어가 위쪽에 준비되었다면 실습에서처럼 Alt 를 누른 채 두 레이어 사이를 클릭하거나 위쪽 이미지 레이어를 선택한 후 단축키 Ctrl + Alt + G 를 눌러 클리핑 마스크를 적용합니다.

클릭핑 마스크를 적용한 후에는 이미지 레이어를 선택하고 캔버스에서 자유롭게 크기나 위치 등을 조절할 수 있으며, 이때 일어난 변화는 여전히 틀 범위 안에서만 표시됩니다.

클리핑 마스크를 해제하려면 다시 Alt 를 누른 채 레이어 사이를 클릭하거나 단축키 Ctrl + Alt + G 를 누르면 됩니다.

배경에 어울리는 글꼴로 문자 입력하기

클리핑 마스크 기능을 활용하여 캔버스를 2분할해서 이미지를 배치했다면 이제 배경이나 콘텐츠에 어울리는 문구를 입력해야 합니다. 배경이나 주제에 맞춰 독특한 글꼴을 활용하고 효과를 적용하여 완성해보겠습니다.

01 ❶ 〈수평 문자 도구(T)〉T를 선택합니다. ❷ 문자 패널에서 ❸ **글꼴: 국립박물관문화재단클래식, Light, 크기: 170pt, 자간: 200, 색상: #ffffff**를 적용하고, 옵션 패널에서 ❹ **텍스트 중앙 정렬**을 적용합니다. ❺ 캔버스를 클릭하여 **터키**를 입력한 후 ❻ Ctrl + Enter 를 눌러 입력을 마칩니다.

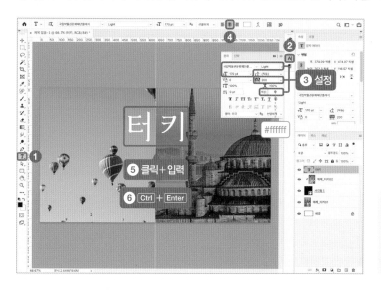

 TIP 문자 입력을 마친 후에는 〈이동 도구(V)〉⊕를 선택한 후 안내선을 기준으로 삼아 그림과 같이 중앙에 배치하면 됩니다.

02 레이어 패널에서 ❶ [터키] 문자 레이어의 이름 옆 여백을 더블 클릭합니다. 레이어 스타일 창이 열리면 ❷ [외부 광선]을 선택한 후 ❸ **혼합 모드: 오버레이, 불투명도: 75%, 색상: #fffbd2, 스프레드: 0%, 크기: 15px**을 적용하고 ❹ [확인] 버튼을 클릭합니다. 글자가 빛나는 듯한 레이어 효과를 적용했습니다.

03 ❶ 〈수평 문자 도구(T)〉 T를 선택하고 ❷ 문자 패널을 열어 '터키'와 같은 설정에서 ❸ **크기: 30pt, 자간: 500**만 변경합니다. ❹ 캔버스에서 '터키' 위쪽 중앙을 클릭한 후 **TRAVEL TURKEY**를 입력하고 ❺ Ctrl+Enter를 눌러 입력을 마칩니다.

분할 이미지 경계 자연스럽게 처리하기

2분할로 배치한 이미지의 경계선을 흐릿하게 처리하면 하나의 배경처럼 좀 더 자연스럽게 표현할 수 있습니다. 여기서는 레이어 마스크 기능을 이용하여 이미지의 경계를 부드럽게 처리합니다.

01 ❶ 왼쪽 영역의 틀인 [사각형 1] 레이어를 선택하고 ❷ Ctrl+T를 눌러 자유 변형을 실행합니다. ❸ Shift를 누른 채 오른쪽 중간에 있는 조절점을 오른쪽으로 살짝 드래그하여 너비를 넓히고 ❹ Enter를 눌러 자유 변형을 마칩니다.

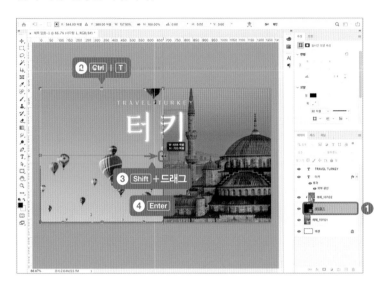

02 넓힌 너비만큼 흐릿하게 처리하기 위해 레이어 마스크를 적용하겠습니다. 레이어 패널에서 [사각형 1] 레이어가 선택된 상태에서 아래쪽에 있는 [레이어 마스크 추가]◻ 아이콘을 클릭합니다. 그림과 같이 기존 섬네일 오른쪽에 [레이어 마스크]가 추가됩니다.

우디노트 | 레이어 마스크

틀이 필요한 클리핑 마스크와 달리 레이어 마스크는 선택한 레이어 자체에 마스크를 추가하여 레이어를 숨기거나 표시할 수 있는 기능입니다. 레이어 마스크 상태에서 레이어의 일부분을 숨기려면(지우려면) 검은색으로 칠하고, 다시 표시하려면 흰색으로 칠합니다. 그러므로 경계를 흐리게 처리하고 싶다면 〈지우개 도구〉로 레이어의 일부분을 지워서 원본을 훼손하기보다 레이어 마스크를 활용하는 것이 좋습니다. 즉, 언제든 색상만 바꿔서 칠하는 방법으로 레이어의 일부분을 숨기거나 다시 표시할 수 있으므로 편리합니다.

레이어 마스크 상태에서는 어떤 도구를 사용하든 검은색은 숨기기(지우기), 흰색은 표시하기입니다. 그러므로 이후 과정에서 〈그레이디언트 도구〉를 이용하여 경계 부분에 검은색과 흰색의 중간색(회색)을 적용하면 그 부분은 표시하기와 숨기기의 중간인 흐릿한 상태로 표현됩니다. 처음 〈그레이디언트 도구〉를 사용해 드래그했을 때 원하는 정도로 표시되지 않더라도 당황하지 말고 원하는 느낌이 표현될 때까지 반복해서 덧칠하듯 드래그해보세요.

▲ [레이어 마스크]가 모두 흰색으로, 레이어의 모든 이미지가 표시된 상태

▲ 왼쪽은 흰색, 오른쪽은 검은색으로 이미지의 왼쪽만 표시된 상태

03 ❶ 〈그레이디언트 도구(G)〉를 선택하고 옵션 패널에서 ❷ **그레이디언트: 기본 사항–검정, 흰색**을 적용합니다. ❸ 캔버스에서 **검정, 흰색**을 적용한 그레이디언트를 중앙 부분에서 왼쪽 수평 방향으로 짧게 드래그합니다. 드래그한 정도에 따라 사진의 경계가 흐릿하게 변경됩니다.

▶TIP 옵션 패널에서 [그레이디언트] 옵션을 클릭하면 그레이디언트 편집기 창이 열립니다. 그레이디언트 편집기 창 사용 방법은 149쪽을 참고하세요.

04 ❶ Ctrl + ; 을 눌러 안내선을 가린 후 경계가 자연스럽게 처리되었는지 확인합니다. 경계의 위치나 흐린 정도가 마음에 들지 않으면 경계 부분에서 시작점이나 끝점, 드래그한 정도를 바꿔가면서 다시 드래그해 보세요. 마음에 드는 결과가 나오면 ❷ Ctrl + Shift + S 를 눌러 **PNG** 포맷으로 최종 결과물을 저장합니다.

스티커를 잘라 붙인 듯한 섬네일

손으로 그린 아기자기한 디자인 장식 요소와 함께 원하는 이미지를 배치하고 테두리를 추가하여, 마치 다이어리에 스티커를 붙이고 펜으로 꾸민 듯한 형태의 재미난 섬네일을 만들어보겠습니다.

- 완성 파일: 완성_테두리섬네일.psd
- 예제 파일: 예제_폴라로이드.jpg, 예제_테이프.jpg
- 사용 폰트: 배달의민족 연성, 배달의민족 도현
- 캔버스 크기: 1280×720픽셀
- 포토샵 기능: 브러시 도구, 피사체 선택, 빠른 선택 도구, 레이어 스타일, 보정
- 디자인 포인트: 손그림 느낌의 아기자기한 요소 만들기

 동영상 강의

🖥 **결과 미리 보기**

브러시를 이용하여 질감 표현하기

이미지 배경이 아니라면, 단순한 배경보다는 브러시로 간단하게 질감을 표현하여 좀 더 눈에 띄는 섬네일을 완성할 수 있습니다.

01 ❶ Ctrl+N을 눌러 새로 만들기 문서 창을 엽니다. 상단 사전 설정 유형에서 ❷ [웹] 탭을 클릭하고 ❸ 아무 문서나 선택한 다음 세부 설정에서 ❹ **폭: 1280픽셀, 높이: 720픽셀, 아트보드: 해제**를 적용하고 ❺ [만들기] 버튼을 클릭합니다.

02 새로운 캔버스가 만들어지면 레이어 패널에서 ❶ [새 레이어 만들기]🔲 아이콘을 클릭하여 질감을 표현할 레이어를 추가합니다. ❷ 〈브러시 도구(B)〉🖌를 선택한 후 옵션 패널에서 ❸ **브러시 모양: 드라이 재질 브러시-KYLE의 궁극의 파스텔 팔루자, 크기: 100픽셀, 불투명도: 70%**을 적용합니다.

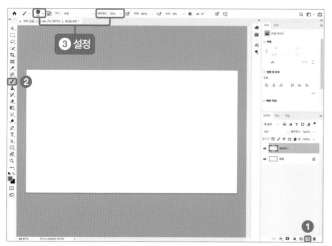

▶ **TIP** 브러시 패널에서 브러시 모양을 보다 자세하게 보고 싶다면 오른쪽 위에 있는 톱니바퀴 모양의 [옵션] ⚙ 아이콘을 클릭한 후 [브러시 이름], [브러시 획], [브러시 끝] 메뉴를 선택해서 체크해보세요.

03 도구 패널 하단의 ❶ [전경색]을 클릭하여 **색상: #5f01ff**를 적용한 후 ❷ 캔버스에 사선 방향으로 여러 번 덧칠하듯 드래그합니다. **불투명도: 70%**를 적용했으므로 덧칠할수록 진하게 표시됩니다. 여러 번 덧칠하여 질감이 느껴지는 배경을 완성하세요.

🖌 이미지를 잘라서 스티커처럼 붙이기

배경을 완성했으니, 이제 배경에 붙일 스티커 이미지를 구현해야 합니다. 하나의 이미지 파일에서 사용할 부분만 잘라낸 후 테두리를 적용하면 스티커처럼 표현할 수 있습니다.

01 상단 메뉴에서 ❶ [파일 – 포함 가져오기]를 선택한 후 **예제_폴라로이드.jpg**를 불러오고, 그대로 ❷ Enter 를 눌러 자유 변형을 마칩니다.

> ▶TIP 포토샵에 이미지를 불러오면 자동으로 자유 변형 상태(Ctrl+T)가 됩니다. Enter 를 누르면 자유 변형 상태가 해제됩니다.

02 불러온 이미지에서 배경 부분은 제거하고 피사체(카메라)만 분리하겠습니다. ❶ 〈빠른 선택 도구(W)〉 를 선택한 후 옵션 패널에서 ❷ [피사체 선택] 버튼을 클릭합니다. 자동으로 피사체(카메라)만 선택 영역으로 지정됩니다.

우디노트 | **선택 영역 추가하거나 빼기**

〈빠른 선택 도구〉에 있는 [피사체 선택] 기능은 포토샵의 인공지능 기술을 사용해 자동으로 피사체를 구분하여 선택 영역으로 지정해주는 기능입니다. 하지만 인공지능이라 해도 완벽할 수 없으니 필요에 따라 선택 영역을 추가하거나 빼야 할 때가 있지요. 그럴 때는 옵션 패널에서 [선택 영역에 추가], [선택 영역에서 빼기] 아이콘을 클릭하여 원하는 부분을 드래그해서 추가하거나 뺄 수 있습니다.

이외에도 포토샵에는 선택 영역을 다루는 도구들이 다양하게 있습니다. 아이콘 모양에 다소 차이가 있지만 모두 같은 방법으로 선택 영역을 추가하거나 뺄 수 있습니다.

03 피사체(카메라)만 선택 영역으로 지정되었으면 선택 영역의 경계선을 부드럽게 처리하기 위하여 ❶ 상단 메뉴에서 [선택-수정-매끄럽게]를 선택합니다. 팝업 창이 열리면 ❷ **샘플 반경: 5픽셀**을 적용한 후 ❸ [확인] 버튼을 클릭합니다. 이어서 ❹ Ctrl + J 를 눌러 선택 영역을 복제합니다.

04 레이어 패널에서 기존의 [예제_폴라로이드] 레이어를 선택해서 Delete 를 눌러 삭제합니다. 레이어 패널에 복제된 선택 영역 레이어만 남고, 캔버스에도 배경이 제거된 폴라로이드 이미지만 보입니다.

05 테두리(획)를 적용하기 위해 레이어 패널에서 ❶ 폴라로이드 이미지인 [레이어 2] 레이어의 이름 옆 여백 부분을 더블 클릭합니다. 레이어 스타일 창이 열리면 ❷ [획]을 선택하고 ❸ **크기: 10px, 위치: 바깥쪽, 색상: #ffffff**를 적용하고 ❹ [확인] 버튼을 클릭합니다.

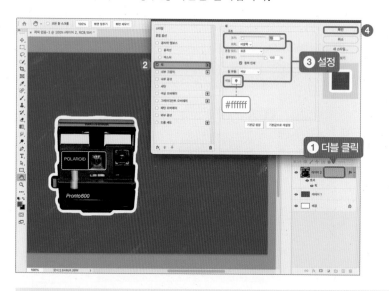

▶ **TIP** 피사체 선택 영역 지정 정도에 따라 테두리가 깔끔하지 않고 울퉁불퉁할 수 있습니다. 이럴 때는 〈지우개 도구(E)〉 를 선택한 후 경계선 한쪽 시작 부분을 클릭하고 이어서 Shift 를 누른 채 반대쪽 끝을 클릭하면 수직, 수평으로 깔끔하게 정리할 수 있습니다. 같은 방법으로 브러시를 이용해 수직, 수평으로 선을 그을 수도 있습니다.

06 끝으로 ❶ Ctrl + T 를 눌러 자유 변형을 실행합니다. 그런 다음 ❷ 조절점 바깥쪽에서 드래그하여 회전을, 조절점을 바깥쪽으로 드래그하여 크기를, 조절점 안쪽에서 드래그하여 위치를 조정한 후 ❸ Enter 를 눌러 자유 변형을 마칩니다.

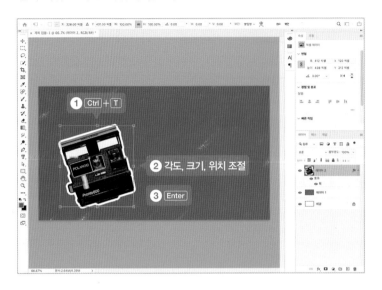

07 폴라로이드 스티커 배치 방법을 참고하여 **예제_테이프.jpg**를 불러온 후 수정하여 그림과 같이 배치합니다.

예제_테이프.jpg 불러와 수정 후 배치

손으로 그린 듯한 그림 장식 추가하기

스티커 형태 이미지 주변으로 화살표, 별, 하트 모양 등 손으로 그린 듯한 아기자기한 장식 요소들을 추가하여 재미있는 분위기를 연출합니다.

01 레이어 패널에서 ❶ [새 레이어 만들기] 📵 아이콘을 클릭하여 레이어를 추가하고 ❷ 〈브러시 도구(Ⓑ)〉
✏️를 선택합니다. 레이어 패널에서 ❸ **브러시 모양: 드라이 재질 브러시-Kyle의 궁극의 파스텔 팔루자, 크기: 10픽셀, 불투명도: 100%, 흐름: 90%, 보정: 30%**를 적용합니다.

> ▶️ **TIP** 브러시 옵션 패널에서 [보정] 옵션은 값을 100%에 가깝게 적용할수록 브러시의 드로잉 속도가 느려집니다. 하지만 손 떨림이 보정되어 의도한 형태에 가까운 드로잉을 할 수 있습니다.

02 도구 패널 하단의 [전경색]을 클릭하여 ❶ **색상: #ffffff**을 적용한 후 ❷ [Ctrl]+[+]를 눌러 화면을 확대합니다. ❸ 캔버스에서 그림과 같이 폴라로이드 위쪽으로 화살표 모양을 드래그하여 그림을 그립니다. 이어서 ❹ 테이프 왼쪽으로도 화살표를 그립니다.

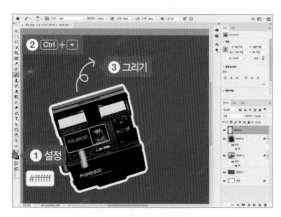

> ▶️ **TIP** 화면을 확대한 후 [space bar]를 누른 채 드래그하면 화면에서 원하는 위치로 이동할 수 있습니다.

03 화살표 끝에는 추후 문자를 입력할 예정입니다. 그러니 화살표 끝을 제외한 주변에 장식 요소를 추가로 그립니다. 원하는 모양을 원하는 위치에 자유롭게 표현해보세요.

 우디노트 | **그림을 그릴 때 알아두면 편리한 단축키** 👍 👎 ➤ ☰+

브러시로 그림을 그리다 보면 화면을 확대/축소하거나 브러시 크기를 조금씩 변경할 일이 잦습니다. 이럴 때 일일이 아이콘을 클릭하거나 옵션 값을 변경하기보다는 단축키를 이용하면 작업 속도가 좀 더 빨라집니다.

- Ctrl + + : 화면 확대
- Ctrl + 0 : 화면 크기에 맞게 조정
- [,] : 브러시 크기 변경

- Ctrl + − : 화면 축소
- Alt + 마우스 스크롤: 화면 확대/축소
- Spacebar : 누르고 있는 동안 〈손 도구〉 사용

▶ TIP 브러시 커서 모양이 [+] 형태로 보인다면 CapsLock 을 눌러보세요.

04 손그림 장식에 레이어 스타일을 적용하여 빛이 나는 것처럼 표현하겠습니다. ❶ 손그림 장식이 그려진 [레이어 4] 레이어의 이름 옆 여백을 더블 클릭합니다. 레이어 스타일 창이 열리면 ❷ [외부 광선]을 선택한 후 ❸ **혼합 모드: 스크린, 불투명도: 40%, 색상: #fffbd2, 스프레드: 0%, 크기: 15px**을 적용하고 ❹ [확인] 버튼을 클릭합니다.

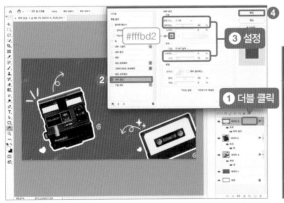

요소에 맞춰 두 가지 글꼴로 문자 입력하기

마지막으로 손글씨 느낌의 글꼴을 이용하여 꾸미기용 문자를 입력해서 다이어리를 꾸미는 듯한 느낌을 완성해보겠습니다. 그런 다음 섬네일 본연의 역할을 할 수 있도록 가독성 높은 글꼴로 콘텐츠 제목을 입력하여 마무리합니다.

01 ❶ 〈수평 문자 도구(**T**)〉 **T**를 선택하고 ❷ 문자 패널에서 ❸ **글꼴: 배달의민족 연성, 크기: 80pt, 자간: 0, 색상: #ffffff**를 적용한 후 ❹ 캔버스 빈 곳을 클릭하여 **폴라로이드**를 입력하고 ❺ Ctrl + Enter 를 눌러 마칩니다.

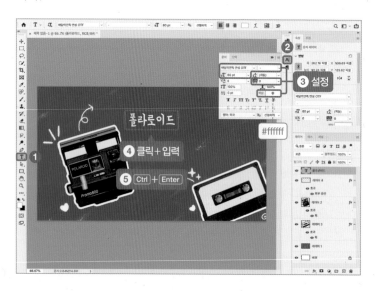

02 ❶ Ctrl + T 를 눌러 자유 변형을 실행하여 ❷ 그림과 같이 각도, 위치를 변경하고 ❸ Enter 를 눌러 마칩니다. ❹ 같은 방법으로 **테이프**를 입력한 후 배치하여 손글씨 장식을 최종 완성합니다.

03 마지막으로 콘텐츠 제목을 입력하겠습니다. 이번에는 가독성을 고려하여 문자 패널에서 **❶ 글꼴: 배달의민족 도현, 크기: 120pt, 행간, 140pt, 자간: 0, 색상: #ffffff**를 적용하고, 옵션 패널에서 **❷ 정렬: 오른쪽 정렬**을 적용합니다. **❸** 캔버스에서 오른쪽 위 여백을 클릭하여 **클래식한 나만의 잇템**을 2줄로 입력하고 **❹** `Ctrl` + `Enter`를 눌러 마칩니다.

▶ **TIP** 입력을 마친 후 〈이동 도구 (`V`)〉 ⊕ 나 자유 변형 기능(`Ctrl`+`T`)을 이용하여 위치를 조정하세요.

04 **❶** 〈수평 문자 도구(`T`)〉 `T`를 선택한 후 제목에서 **❷ 클래식한 나만의** 부분만 드래그하여 선택합니다.

05 옵션 패널에서 ❶ 배경색과 비슷한 **색상: #6810ff**을 적용하여 '클래식한 나만의'의 색을 변경합니다. 같은 방법으로 ❷ **잇템**만 드래그하여 선택한 후 ❸ **색상: #ffa800**을 적용하고 ❹ Ctrl + Enter 를 눌러 마칩니다.

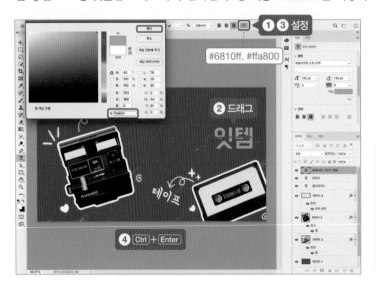

> ▶ **TIP** 문자의 색상을 변경할 때는 옵션 패널, 문자 패널, 속성 패널 등에서 [색상] 옵션을 클릭한 후 색상 피커 창에서 원하는 색을 지정하면 됩니다. 한 레이어에 있는 문자 중 일부 문자만 변경하려면 실습처럼 먼저 드래그해서 선택한 후 색상을 변경하세요.

06 '클래식한 나만의' 문자는 배경과 같은 계열의 색상이라 거의 보이지 않습니다. 가독성과 멋스러움을 추가하기 위해 레이어 패널에서 ❶ 제목 문자 레이어 이름 옆 여백을 더블 클릭합니다. 레이어 스타일 창이 열리면 ❷ [획]을 선택한 후 ❸ **크기: 25px, 위치: 바깥쪽, 색상: #ffffff**를 적용하고 ❹ [확인] 버튼을 클릭합니다.

07 제목을 보면 '의'와 '잇' 사이처럼 비어 있는 구간이 있습니다. 이 구간을 채우기 위해 레이어 패널에서 ❶ [새 레이어 만들기] ▣ 아이콘을 클릭하여 레이어를 추가합니다. 그런 다음 ❷ 추가한 레이어를 드래그하여 제목 레이어(클래식한 나만의 잇템) 아래쪽으로 옮깁니다.

08 ❶ 〈브러시 도구(B)〉 ✏️를 선택하고 옵션 패널에서 ❷ **모양: 일반 브러시-선명한 원, 크기: 50픽셀, 불투명도: 100%, 흐름: 100%, 보정: 0%**를 적용합니다. 도구 패널에서 ❸ [전경색]을 클릭하여 **색상:#ffffff**를 적용하고 ❹ 비어 있는 공간을 드래그하여 흰색으로 채우면 섬네일이 완성됩니다. ❺ [Ctrl]+[Shift]+[S]를 눌러 **파일 형식: PNG**로 최종 결과물을 저장합니다.

LESSON
05
사진을 단순하게 처리한 만화 같은 섬네일

배경이 복잡하면 시선이 분산될 수 있습니다. 하지만 복잡한 듯해도 시선을 모아주는 배경이 있지요. 사진 이미지를 단순하게 처리하여 마치 만화 속 한 장면처럼 만들고 배경에 집중선을 배치하여 시선이 중앙으로 쏠리도록 처리한 섬네일을 만들어보겠습니다.

- 완성 파일: 완성_만화같은섬네일.psd
- 예제 파일: 예제_man.jpg, 예제_집중선.png
- 사용 폰트: Tmon몬소리
- 캔버스 크기: 1280 ×720픽셀
- 포토샵 기능: 필터 갤러리, 올가미 도구, 전경색과 배경색 채우기, 블렌딩 모드, 그레이디언트
- 디자인 포인트: 만화처럼 만들기, 시선 집중시키기

 동영상 강의

 결과 미리 보기

필터 사용하여 사진을 만화처럼 만들기

포토샵의 필터 갤러리를 사용하면 다양한 효과를 클릭 몇 번으로 빠르게 적용할 수 있습니다. 사진을 순식간에 만화 같은 느낌으로 변경하는 필터를 기억해두세요.

01 ❶ Ctrl+N을 눌러 새로 만들기 문서 창을 엽니다. 상단 사전 설정 유형에서 ❷ [웹] 탭을 클릭하고 ❸ 아무 문서나 선택한 다음 ❹ 폭: 1280픽셀, 높이: 720픽셀, 아트보드: 해제를 적용하고 ❺ [만들기] 버튼을 클릭합니다.

02 새 캔버스가 열리면 상단 메뉴에서 ❶ [파일 – 포함 가져오기]를 선택한 후 **예제_man.jpg** 파일을 불러옵니다. 자유 변형 상태에서 ❷ 그림과 같이 크기와 위치를 조절한 후 Enter를 눌러 마칩니다.

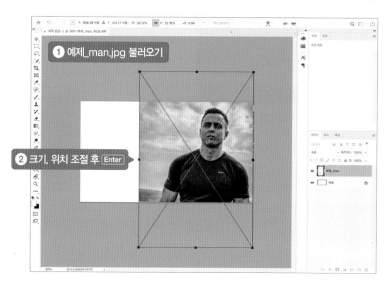

03 만화 필터를 적용하기 위해 상단 메뉴에서 ❶ [필터 – 필터 갤러리]를 선택하여 필터 갤러리 창을 엽니다. 필터 목록에서 ❷ [예술 효과 – 오려내기]를 선택하고, 세부 옵션에서 ❸ 레벨 수: 6, 가장자리 단순하게: 4, 가장자리 정확하게: 2를 적용한 후 ❹ [확인] 버튼을 클릭합니다.

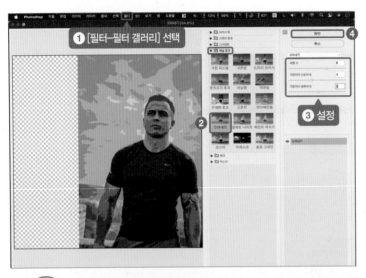

❸ 설정

포토샵의 필터 갤러리 창에서는 원하는 필터를 선택하고, 세부 옵션을 조정하여 이미지에 다양한 필터를 적용할 수 있습니다. 필터 갤러리의 효과는 이미지마다 적용되는 강도가 다르기 때문에 직접 옵션 값을 변경하여 다양하게 적용해봄으로써 마음에 드는 효과를 찾을 수 있습니다.

필터 목록의 상위 카테고리 ▶

▶ 📁 브러시 획
▶ 📁 스케치 효과
▶ 📁 스타일화
▶ 📁 예술 효과
▶ 📁 왜곡
▶ 📁 텍스처

▲ 브러시 획–스프레이 획

▲ 스케치 효과–메모지

▲ 스타일화–가장자리 광선

▲ 왜곡–유리

▲ 텍스처–채색 유리

여백 채우고, 배경 꾸미기

만화 느낌의 필터를 적용했으나 왼쪽에 흰 여백이 남아 있습니다. 이미지 배경과 유사한 색을 이용해 빈 공간을 자연스럽게 채웁니다. 여기에 더욱 만화처럼 보이면서 시선을 집중시킬 수 있는 집중선 효과 이미지를 배치해서 마무리하겠습니다.

01 흰색의 배경을 자연스럽게 채울 용도로, 레이어 패널에서 ❶ [새 레이어 만들기] 🖽 아이콘을 클릭하여 레이어를 추가합니다. 도구 패널 아래쪽에서 ❷ [전경색]을 클릭하여 색상 피커 창을 엽니다. 마우스 커서를 이미지에서 짙은 회색 배경쪽으로 옮기면 스포이드 모양이 나타납니다. ❸ 그대로 클릭하여 색상 값을 추출해 전경색으로 적용합니다.

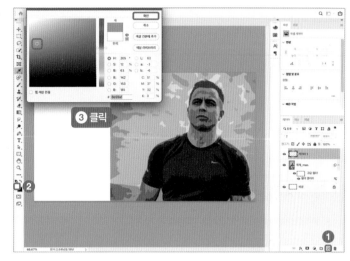

> **TIP** 색상 피커 창에서 커서를 창 밖으로 옮기면 자동으로 〈스포이드 도구(I)〉 🖉가 활성화되고, 원하는 색상을 클릭하면 해당 색을 추출할 수 있습니다. 실습에서는 [#8e99a1]이 추출되었지만, 픽셀마다 색 정보가 다르므로 실습 중 추출되는 색에 차이가 있을 수 있습니다.

02 전경색을 변경했다면 ❶ 〈올가미 도구(L)〉 🢁를 선택하고 ❷ 그림과 같이 캔버스 밖에서부터 배경 이미지와 경계 부분의 무늬가 자연스럽게 포함되도록 드래그하여 선택 영역을 지정합니다.

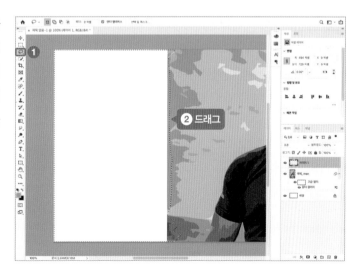

03 선택 영역 지정이 끝나면 **❶** 전경색을 채우는 단축키인 Alt + Delete 를 눌러 선택 영역에 전경색을 채웁니다. 끝으로 **❷** Ctrl + D 를 눌러 선택 영역을 해제하면 자연스러운 배경이 완성됩니다.

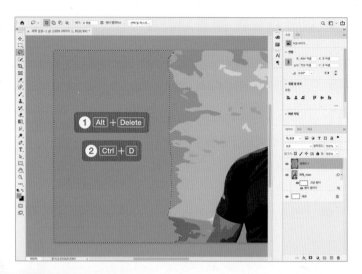

우디노트 │ **선택 영역과 채우기**

도구 패널 아래쪽에서 전경색과 배경색을 지정할 수 있으며, 단축키를 활용하면 손쉽게 전경색 또는 배경색을 채울 수 있습니다. 이때, 선택 영역이 지정되어 있으면 선택 영역에만, 그렇지 않으면 선택 중인 레이어 전체에 색이 채워집니다.

· Alt + Delete : 전경색 채우기
· Ctrl + Delete : 배경색 채우기
· Ctrl + D : 선택 영역 해제

04 끝으로 집중선 효과 이미지를 배치하겠습니다. 상단 메뉴에서 **❶** [파일-포함 가져오기]를 선택한 후 **예제_집중선.png** 파일을 불러와 **❷** 배치하고 Enter 를 눌러 마칩니다.

05 집중선이 너무 도드라져 보이므로 레이어 패널에서 **블렌딩 모드: 소프트 라이트**를 적용하여 아래쪽에 배치된 레이어와 자연스럽게 혼합합니다.

LINK 블렌딩 모드에 대한 자세한 설명은 153쪽을 참고하세요.

🖌 역동적이고 화려한 문자 입력하기

콘텐츠 종류나 전체적인 배경 이미지 느낌이 다소 역동적입니다. 따라서 입력할 문자에도 통일성을 주기 위해 두꺼운 글꼴과 기울기를 적용해 역동성을 강조하겠습니다. 또한 무채색 계열 배경에서 포인트가 될 수 있도록 그레이디언트를 적용합니다.

01 ❶ 〈수평 문자 도구()〉를 선택합니다. ❷ 문자 패널에서 ❸ **글꼴: Tmon몬소리, 크기: 130pt, 행간, 150pt, 자간: 0, 색상: #ffffff, 이탤릭**을 적용하고, 옵션 패널에서 ❹ **정렬: 왼쪽 정렬**을 적용합니다. ❺ 캔버스에서 왼쪽 위 빈 곳을 클릭하여 **내가 운동을 하는 이유**를 2줄로 입력한 후 ❻ [Ctrl]+[Enter]를 눌러 마칩니다.

▶**TIP** 〈이동 도구([V])〉⊕를 선택한 후 드래그하거나 키보드 방향키를 이용해서 세부적인 위치를 조정하세요.

02 '운동'이라는 콘텐츠에 맞춰 보다 강렬한 느낌을 표현하기 위해 테두리(획)를 추가하겠습니다. 레이어 패널에서 ❶ 문자 레이어 이름 옆 여백을 더블 클릭하여 레이어 스타일 창을 엽니다. ❷ [획]을 선택하고 ❸ **크기: 10px, 위치: 바깥쪽, 색상: #000000**을 적용합니다.

03 계속하여 ❶ [그레이디언트 오버레이]를 선택하고 ❷ **혼합 모드: 표준, 불투명도: 100%, 그레이디언트: 주황 계열−주황_05, 스타일: 선형, 각도: 145도**를 적용한 후 ❸ [확인] 버튼을 클릭합니다. 섬네일이 완성되었습니다. ❹ Ctrl + Shift + S 를 눌러 **파일 형식: PNG**로 최종 결과물을 저장합니다.

> ▶ **TIP** [그레이디언트] 옵션 버튼을 클릭하면 그레이디언트 편집기 창이 열립니다. 편집기 창의 사전 설정 항목에서 원하는 효과를 선택하면 됩니다.

CHAPTER 05

이미지 소스로
영상을 풍성하게

유튜브를 보다가 간판이 멋져서 들어왔는데
콘텐츠가 별 볼 일 없으면 금세 실망하고 나가겠죠?
지금까지 유튜브 채널을 꾸미는 디자인을 만들었다면
이제 유튜브 콘텐츠 자체를 더욱 풍성하게 할 차례입니다.
영상 디자인 소스를 직접 만들어 영상의 볼거리를 더해보세요.

유튜브 콘텐츠 디자인 전 알고 가기

▶ 동영상 강의

프리미어 프로에서 유튜브 콘텐츠 디자인 배치하기

자막 박스, 제목 박스, 네임 스티커처럼 입력할 문구가 수시로 바뀌는 디자인이라면 포토샵에서 틀만 만들고 바탕이 투명한 PNG 포맷으로 저장해 활용하세요. 문구 입력은 이후 프리미어 프로와 같은 영상 편집 프로그램을 이용하면 됩니다.

▲ 이미지만 가져 온 상태

▲ 자막(내용)이 추가 된 상태

포토샵과 프리미어 프로의 라이브 업데이트

어도비에서 만든 포토샵과 프리미어 프로에는 라이브 업데이트라 불리는 실시간 연동 기능이 있습니다. 포토샵에서 만든 디자인을 원본 포맷인 PSD 파일로 저장한 후 프리미어 프로에서 PSD 파일을 불러와서 배치합니다. 그런 다음 수정이 필요할 때 포토샵에서 해당 파일을 수정하고 저장하면, 프리미어 프로에도 변경한 내용이 실시간으로 반영됩니다.

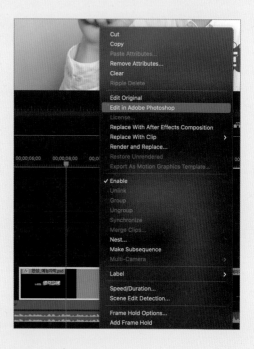

포토샵에서 만든 PSD 파일을 프리미어 프로에서 수정하기 ▶

LESSON 01 | 자막을 돋보이게 하는 자막 박스

인터뷰나 소개 등 화자가 이야기하는 영상에서 자막을 사용하면 전달력을 한층 높일 수 있습니다. 기본 자막은 영상 편집 프로그램을 이용하여 추가하되, 자막을 돋보이게 해주는 자막 박스는 포토샵을 이용하는 것이 편리합니다. 영상미를 한층 올릴 수 있는 자막 박스를 만들어 활용해보세요.

- 완성 파일: 완성_자막박스.psd
- 사용 폰트: 배달의민족 주아
- 캔버스 크기: 1920 × 1080픽셀
- 주요 사용 기능: 라운드 도형 만들기, 그림자 적용하기, PNG 포맷
- 디자인 포인트: 영상 분위기를 해치지 않고 자연스럽게 어울리는 디자인 만들기

 결과 미리 보기

자막 박스 기본 틀 만들기

자막 박스의 기본 형태만 만들어놓으면, 이후 색상이나 크기 등은 자유롭게 변경해서 활용할 수 있습니다. 딱딱한 직각보다는 모서리가 둥근 자막 박스 틀을 만들어서 활용해보세요.

01 ① Ctrl+N을 눌러 새로 만들기 문서 창을 엽니다. 상단 사전 설정 유형에서 ② [영화 및 비디오] 탭을 클릭한 후 ③ [HDTV 1080p]를 선택하고 ④ [만들기] 버튼을 클릭해 새로운 캔버스를 만듭니다.

> ▶ **TIP** [영화 및 비디오] 사전 설정 탭에서 유튜브에 업로드할 영상 크기에 맞춰 캔버스를 선택할 수 있습니다. 보통은 1920×1080픽셀인 Full HD를 사용하며, 4K 영상을 제작한다면 [사전 설정 모두 보기+]를 클릭하여 선택할 수 있습니다.

02 자막 박스 틀로 사용할 사각형을 그리기 위해 도구 패널에서 ① 〈사각형 도구(U)〉□를 선택합니다. 옵션 패널에서 ② **칠: 임의 색, 획: 색상 없음**을 적용하고 ③ 캔버스의 여백을 클릭합니다. 사각형 만들기 창이 열리면 ④ **가로: 1100픽셀, 세로: 100픽셀**을 적용하고 ⑤ [확인] 버튼을 클릭합니다.

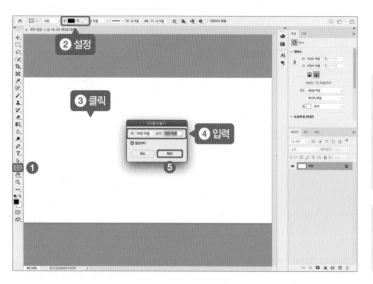

> ⚠ **2021 이상 버전이라면**
> 사각형 만들기 창에서 [반경] 옵션을 [0픽셀]로 설정합니다.

> ▶ **TIP** [중앙부터]에 체크하면 클릭한 곳이 중심점이 되는 도형을 만들 수 있습니다.

도형의 칠이나 획에 색상을 지정하거나 색상 코드를 입력할 때는 옵션을 클릭하여 팝업 창을 열고 오른쪽 위에 있는 [색상 피커 ▢] 아이콘을 클릭합니다. 색상 피커 창이 열린 상태에서는 현재 화면에 있는 참조 색상을 클릭하여 해당 색상을 바로 적용할 수 있고, 알고 있는 색상 코드를 직접 입력하여 변경할 수도 있습니다.

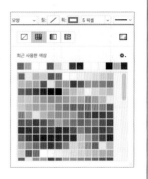

03 ❶ Ctrl + ; 을 눌러 안내선을 표시하고 ❷ 〈이동 도구(V)〉 ⊕ 를 선택한 다음 ❸ 사각형을 아래쪽 중앙으로 드래그하여 그림처럼 안내선에 배치합니다. 배치가 끝나면 다시 ❹ Ctrl + ; 을 눌러 안내선을 가립니다.

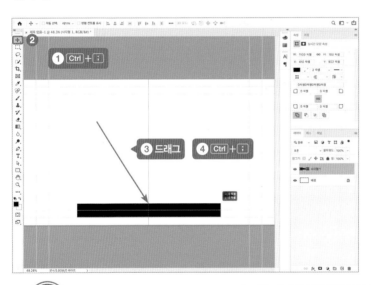

▶ **TIP** [영화 및 비디오] 탭에 있는 사전 설정으로 만든 캔버스에서 안내선을 표시하면 그림과 같이 비디오 안전 영역이라 불리는 Safe Area에 안내선이 보입니다.

안내선 표시 여부와 상관없이 이미지 등의 위치를 조절하다 보면 핑크색 고급 안내선이 표시됩니다. 상단 메뉴에서 [보기-표시-고급 안내선]을 보면 기본값으로 체크되어 있으며, 고급 안내선을 활용하면 중심 이동 및 객체 간 정렬을 편하게 할 수 있습니다.

분명 [고급 안내선] 메뉴에 체크되어 있는 것을 확인했는데도 고급 안내선이 표시되지 않는다면 상단 메뉴에서 [보기-표시자]의 체크가 해제되어 있는 건 아닌지 확인해보세요. 단축키 Ctrl + H 를 눌러 표시자 기능을 사용하거나 해제할 수 있으며, [표시자]의 체크가 해제되어 있다면 [보기-표시]의 하위 메뉴에 있는 안내선들이 보이지 않습니다.

04 자막 박스 틀 배경을 흰색으로 변경하겠습니다. 레이어 패널에서 [배경] 레이어에 있는 ❶ 눈 모양 👁️ 아이콘을 클릭하여 흰색 배경을 숨깁니다. ❷ [사각형 1] 레이어의 섬네일을 더블 클릭하여 색상 피커 창이 열리면 ❸ **색상: #ffffff**를 적용하고 ❹ [확인] 버튼을 클릭합니다.

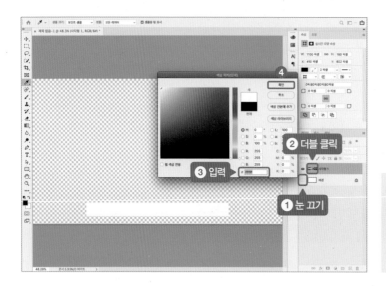

> ▶️ **TIP** 처음 사각형을 만들 때 사각형 도구의 옵션 패널에서 [칠: #ffffff]를 미리 적용해도 됩니다. 하지만 배경이 흰색이어서 구분되지 않으므로 임의 색으로 만든 후 변경했습니다.

05 레이어 패널에서 ❶ [사각형 1] 레이어의 이름 옆 빈 공간을 더블 클릭합니다. 레이어 스타일 창이 열리면 ❷ [획]을 선택하고 ❸ **크기: 10px, 위치: 안쪽, 색상: #ffcc00**을 적용한 후 ❹ [확인] 버튼을 클릭합니다. 흰색 사각형에 노란색 테두리(획)가 표시됩니다.

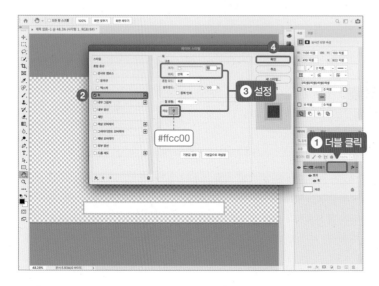

06 사각형의 모서리를 둥글게 만들기 위해 속성 패널의 '모양' 영역에서 **왼쪽 상단 모퉁이 반경: 50픽셀**을 적용하면 네 곳의 모퉁이 반경 값이 동일하게 적용됩니다. 캔버스를 보면 적용한 옵션 값에 따라 사각형 모서리가 둥글게 변합니다.

▶ TIP [모퉁이 반경] 옵션 값이 클수록 둥근 정도가 원에 가까워집니다. 사슬 모양의 [링크] ⑧ 아이콘을 클릭해서 해제하면 특정 방향만 둥글게 표현할 수도 있습니다.

07 레이어 패널에서 ❶ [사각형 1] 레이어를 선택한 후 Ctrl+J를 눌러 복제합니다. 이어서 ❷ Ctrl +T를 눌러 자유 변형을 실행하고 ❸ Shift를 누른 채 오른쪽 중간에 있는 조절점을 왼쪽으로 드래그하여 너비를 줄인 후 ❹ Enter를 눌러 마칩니다.

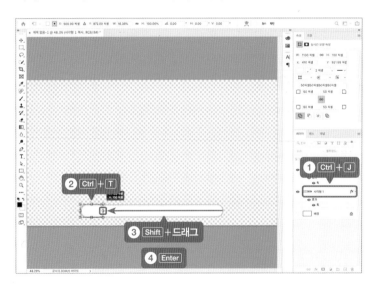

▶ TIP 포토샵 CC 2019 버전부터는 자유 변형 상태에서 Shift를 누른 채 조절점을 드래그해야 비율을 무시하고 변형할 수 있습니다.

08 레이어 패널에서 ❶ 복제된 [사각형 1 복사] 레이어의 섬네일을 더블 클릭하여 색상 피커 창을 열고 테두리와 같은 색인 ❷ **색상: #ffcc00**을 적용한 후 ❸ [확인] 버튼을 클릭합니다. 기본 자막 틀이 완성되었습니다.

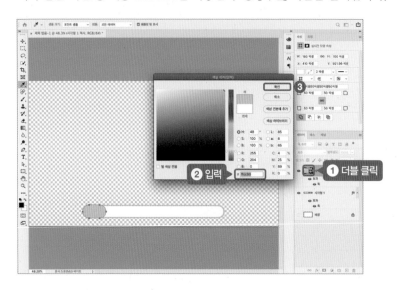

🖌 자막 박스에 이름 입력하기

자막 박스 틀을 다 만들었다면 이제 흰색 부분에 상황에 따라 자막을 입력해서 사용하면 됩니다. 이때 앞쪽 노란색 영역에는 이야기하고 있는 화자를 입력합니다. 간단한 예시로 이름을 입력해보겠습니다.

01 ❶ 〈수평 문자 도구(T)〉 T를 선택하고 ❷ 캔버스 여백을 클릭한 다음 **친절한 우디**를 2줄로 입력하고 ❸ Ctrl + Enter를 눌러 마칩니다. ❹ 문자 패널에서 ❺ **글꼴: 배달의민족 주아, 크기: 50pt, 행간: 45pt, 자간: 100pt, 색상: #007eff**를 적용합니다.

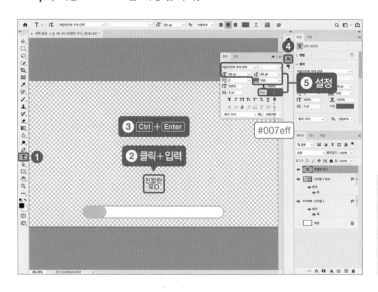

> ▶ **TIP** 문자를 입력할 때는 캔버스의 빈 곳을 클릭하고 작성하세요. 도형 위를 클릭하면 도형 안쪽이 문자 입력 영역으로 지정되어 위치나 옵션 값 등을 변경할 때 다소 불편합니다.

02 ❶ 〈이동 도구(V)〉⊕를 선택하고 ❷ 입력한 문자를 노란색 영역으로 드래그해서 옮깁니다. ❸ 문자 레이어 섬네일을 더블 클릭해서 문자 편집 상태가 되면 ❹ '친절한'만 드래그해서 선택한 후 문자 패널에서 ❺ 크기: 30pt로 변경하고 ❻ Ctrl + Enter 를 눌러 마칩니다.

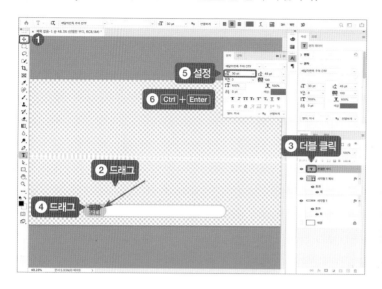

> **TIP** 〈이동 도구(V)〉⊕를 선택한 후 대략적인 위치로 드래그해서 옮기고, 키보드 방향키를 이용하여 1px씩 세밀하게 위치를 조절할 수 있습니다.

03 이름에 그림자를 추가하기 위해 레이어 패널에서 ❶ 문자 레이어의 이름 옆 여백을 더블 클릭합니다. 레이어 스타일 창이 열리면 ❷ [드롭 섀도]를 선택하고 ❸ **색상: ffcc00, 불투명도: 75%, 각도: 90도, 거리: 5px, 스프레드: 10%, 크기: 0px**을 적용한 후 ❹ [확인] 버튼을 클릭합니다.

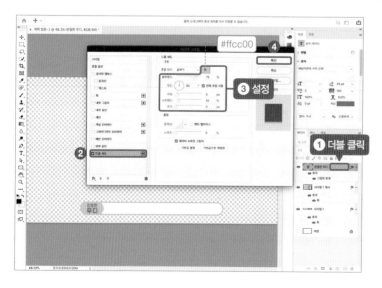

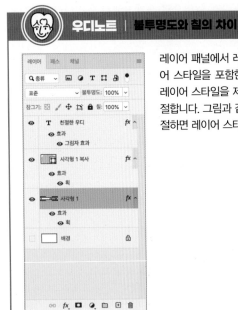

레이어 패널에서 레이어를 선택하면 [불투명도]와 [칠] 옵션을 적용할 수 있습니다. 레이어 스타일을 포함한 해당 레이어 전체의 투명도를 조절하고 싶다면 [불투명도] 옵션을, 레이어 스타일을 제외한 나머지 오브젝트에만 투명도를 조절하고 싶다면 [칠] 옵션을 조절합니다. 그림과 같은 레이어 패널에서 [사각형 1] 레이어를 선택하고 [칠] 옵션 값을 조절하면 레이어 스타일인 [획]은 변함 없고, 흰색 배경에만 투명도를 적용할 수 있습니다.

04 자막 박스가 완성되었습니다. 흰색 배경을 숨겨서 격자무늬가 보이는 투명한 상태(알파)로 Ctrl +Shift+S를 눌러 **파일 형식: PNG**로 최종 결과물을 저장합니다.

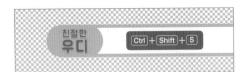

> **▶ TIP** 실습에서 [배경] 레이어를 숨겨서 배경이 바둑판처럼 보이는 것은 색상이 없는 투명한 영역을 의미합니다. 이 영역을 알파 (alpha) 영역이라 부릅니다. 이미지를 저장할 때, JPG 포맷은 투명한 알파 영역을 저장할 수 없으니 PNG, GIF 또는 포토샵의 원본 파일인 PSD로 저장해야 알파 영역을 유지할 수 있습니다.

02 | 영상 콘텐츠를 소개하는 제목 박스

한 영상에 다양한 콘텐츠를 담고 있다면, 콘텐츠별로 구분해주는 것이 좋겠죠? 아래 완성 이미지처럼 화면 왼쪽 위에 제목 박스를 만들어 콘텐츠마다 제목을 달리해서 표현해보세요. 채널명처럼 고정된 내용은 포토샵에서 미리 완성하고, 콘텐츠별 주제처럼 자주 바뀔 수 있는 내용은 이후 영상 편집 프로그램을 활용하는 것이 편리합니다.

- 완성 파일: 완성_제목박스.psd
- 예제 파일: 예제_map.jpg
- 사용 폰트: 배달의민족 주아
- 캔버스 크기: 1920×1080픽셀
- 포토샵 기능: 레이어 스타일, 점선 그리기, 직접 선택 도구, PNG으(로) 빠른 내보내기
- 디자인 포인트: 영상에 어울리면서 채널명을 함께 알릴 수 있는 제목 박스 만들기

결과 미리 보기

🖌 채널명 문자 입력하기

단순히 콘텐츠의 제목만 덩그러니 배치하기보다 채널명이나 상위 주제 등을 함께 입력한다면 제목 박스 구성을 더욱 알차게 디자인할 수 있습니다. 간단한 방법으로 가독성 높은 채널명을 입력해보겠습니다.

01 ❶ Ctrl + N 을 눌러 새로 만들기 문서 창을 엽니다. 상단 사전 설정 유형에서 ❷ [영화 및 비디오] 탭을 클릭한 후 ❸ [HDTV 1080p]를 선택하고 ❹ [만들기] 버튼을 클릭해 새로운 캔버스를 만듭니다.

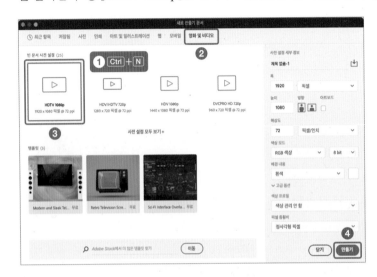

> ▶ **TIP** [영화 및 비디오] 사전 설정 탭에서는 유튜브에 업로드할 영상 크기에 맞춰 캔버스를 선택할 수 있습니다. 보통은 1920×1080픽셀인 Full HD를 사용하며, 4K 영상을 제작한다면 [사전 설정 모두 보기+]를 클릭하여 선택할 수 있습니다.

02 상단 메뉴에서 ❶ [파일−포함 가져오기]를 선택하고 **예제_map.jpg** 파일을 찾아 불러옵니다. 자유 변형 상태에서 그대로 ❷ Enter 를 눌러 마칩니다.

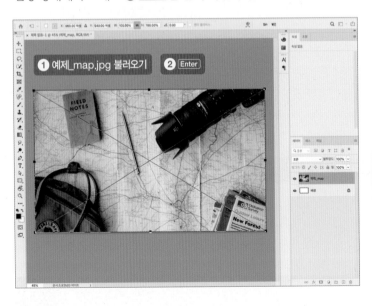

> ▶ **TIP** 예제_map.jpg 파일은 실제 영상에서 제목 박스가 배치됐을 때 상태를 가늠하기 위한 참고용 이미지입니다. 직접 촬영한 영상의 캡처 이미지가 있다면 불러와서 사용해도 좋습니다. 또한 최종 결과물에서는 해당 이미지를 제외하고 저장합니다.

03 ❶ 〈수평 문자 도구(T)〉 T를 선택하고 ❷ 문자 패널에서 ❸ **글꼴: 배달의민족 주아, 크기: 90pt, 자간:
−30, 색상: #ffffff**를 적용한 다음 ❹ 캔버스 왼쪽 위를 클릭하여 **우디TV**를 입력한 후 ❺ [Ctrl]+[Enter]를 눌러
마칩니다.

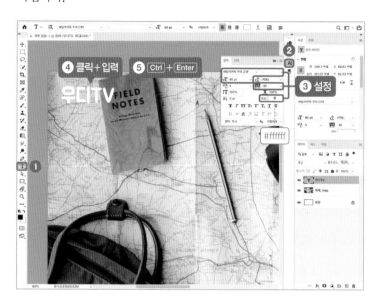

04 채널명에 테두리(획)를 적용하여 가독성을 높이겠습니다. 레이어 패널에서 ❶ [우디TV] 문자 레이어
의 이름 옆 여백을 더블 클릭합니다. 레이어 스타일 창이 열리면 ❷ [획]을 선택하고 ❸ **크기: 3px, 위치: 바깥
쪽, 색상: #000000**을 적용합니다.

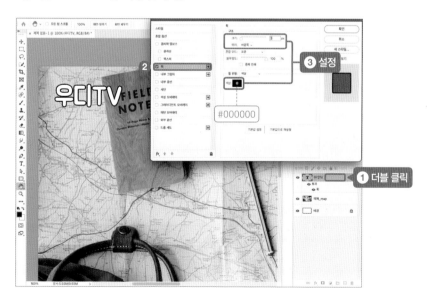

05 계속하여 두께감을 표현하기 위해 ❶ [드롭 섀도]를 선택하고 ❷ 혼합 모드: 표준, 색상: #000000, 불투명도: 100%, 각도: 145도, 거리: 8px, 스프레드: 0%, 크기: 0%를 적용한 후 ❸ [확인] 버튼을 클릭합니다.

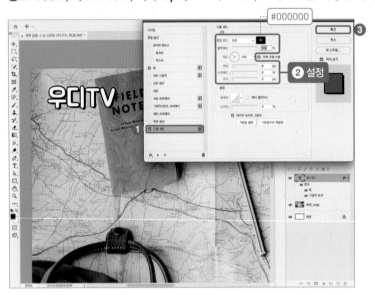

🖌️ 제목과 이어지는 제목 박스 배치하기

채널명이나 대주제 등의 문자를 디자인했다면 이번에는 영상 콘텐츠 설명이나 제목을 입력할 제목 박스를 디자인합니다. 앞서 입력한 채널명과 달리 영상 편집 중에 문자를 입력하므로 이후 입력될 문자 가독성을 고려하여 디자인합니다.

01 ❶ 〈사각형 도구(Ⓤ)〉□를 선택하고, 옵션 패널에서 ❷ 칠: #000000, 획: #ffffff, 두께: 3픽셀, 유형: 점선, 획 정렬: 안쪽을 적용한 다음 ❸ 캔버스의 여백을 클릭합니다. 사각형 만들기 창이 열리면 ❹ 폭: 600픽셀, 높이: 60픽셀을 적용하고 ❺ [확인] 버튼을 클릭합니다.

▶ **TIP** 옵션 패널에서 획 유형을 클릭하면 다음과 같은 팝업 창이 열립니다. 실습에서 유형은 위에서 두 번째에 있는 점선을 선택했으며, 정렬 방법은 위에서 첫 번째인 [안쪽]을 선택했습니다. 정렬 옵션은 위에서부터 안쪽, 중앙, 바깥쪽 순으로 배치되어 있습니다.

⚠️ **2021 이상 버전이라면**
사각형 만들기 창에서 [반경] 옵션을 [0픽셀]로 설정합니다.

02 검은색 사각형이 그려지면 ❶ 〈이동 도구(V)〉⊕를 선택한 후 ❷ 사각형을 드래그해서 그림과 같이 '디TV'를 가리도록 배치합니다. 레이어 패널에서 ❸ [사각형 1] 레이어를 드래그해서 [우디TV] 레이어 아래로 순서를 변경하면 가려졌던 '디TV'가 다시 표시됩니다.

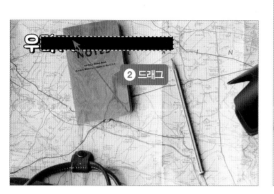
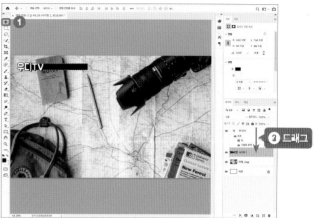

TIP 〈이동 도구(V)〉⊕가 선택된 상태라면 키보드 방향키를 눌러 세밀하게 위치를 조절할 수 있습니다.

03 제목 박스 끝부분을 뾰족하게 처리하여 디자인 완성도를 높이겠습니다. ❶ 〈직접 선택 도구(A)〉▷를 선택한 후 ❷ 오른쪽 아래에 있는 기준점만 선택되도록 범위를 드래그합니다. ❸ Shift+← 를 2번 눌러 20px 왼쪽으로 옮기고 ❹ Enter 를 눌러 마칩니다.

TIP 〈사각형 도구〉, 〈삼각형 도구〉 등으로 만든 도형은 실시간 모양, 즉 포토샵으로 만든 기본 형태입니다. 기준점을 조절하여 실시간 모양이 변형되면 일반적인 패스로 변경되므로 팝업 창이 열리면 [예] 버튼을 클릭합니다.

사각형과 같은 모양 레이어에는 그림과 같이 각 모서리에 기준점이 있으며, 사각형은 총 4개의 기준점을 포함하고 있습니다. 〈직접 선택 도구〉를 사용하여 이런 기준점을 개별 또는 다중 선택할 수 있고, 선택한 기준점만 위치를 조절하여 모양을 변경할 수 있습니다.

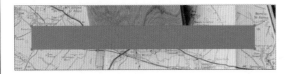

각 기준점을 선택할 때는 정확하게 기준점을 클릭하거나 해당 기준점이 포함되도록 범위를 드래그합니다. 여러 개의 기준점을 선택할 때는 Shift 를 누른 채 선택할 기준점을 모두 클릭하거나 선택할 기준점이 모두 포함되도록 범위를 드래그하면 됩니다.

04 제목 박스의 점선 테두리(획)를 제외한 검은색 배경에 약간의 투명도를 적용하겠습니다. 레이어 패널에서 **칠: 70%**를 적용하면 제목 박스가 완성됩니다.

LINK 불투명도와 칠의 차이에 대한 자세한 설명은 202쪽을 참고하세요.

원하는 그룹/레이어만 PNG로 저장하기

실습을 시작하면서 영상 콘텐츠에 배치했을 때 어떤 느낌인지 보기 위해 배경 이미지를 배치한 후 작업했습니다. 하지만 최종 결과물에는 제목 박스만 있으면 되겠죠? 작업 중에 특정 레이어 또는 그룹만 PNG 파일로 저장하는 방법을 실습해보겠습니다.

01 레이어 패널에서 ❶ Shift 를 누른 채 [우디TV] 문자 레이어를 클릭합니다. 기존에 선택 중이던 [사각형 1] 레이어에 [우디TV] 레이어가 추가로 선택되면 ❷ Ctrl + G 를 눌러 그룹으로 묶습니다.

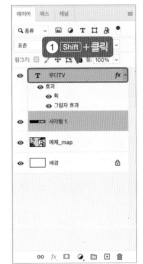 

▶ **TIP** 레이어 패널에서 두세 개의 레이어를 복수 선택할 때는 Ctrl 을 누른 채 선택할 레이어를 클릭하면 됩니다. 만약 연속된 여러 개의 레이어를 선택하고 싶다면 연속된 레이어 중 가장 위 또는 가장 아래에 있는 레이어를 선택한 후 Shift 를 누른 채 반대쪽 끝에 있는 레이어를 클릭해서 선택하면 됩니다.

02 배경을 제외한 제목 박스만 해당 크기로 저장하겠습니다. 레이어 패널에서 ❶ 앞서 묶은 [그룹 1] 그룹 레이어를 [마우스 우클릭]한 후 ❷ [PNG으(로) 빠른 내보내기]를 선택합니다. 다른 이름으로 저장 창이 열리면 저장 위치와 파일명을 지정하여 결과물을 저장합니다.

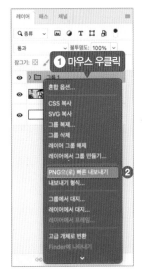

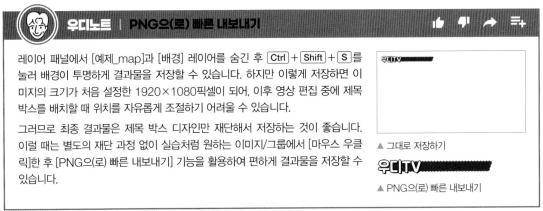

우디노트 | **PNG으(로) 빠른 내보내기**

레이어 패널에서 [예제_map]과 [배경] 레이어를 숨긴 후 Ctrl + Shift + S 를 눌러 배경이 투명하게 결과물을 저장할 수 있습니다. 하지만 이렇게 저장하면 이미지의 크기가 처음 설정한 1920×1080픽셀이 되어, 이후 영상 편집 중에 제목 박스를 배치할 때 위치를 자유롭게 조절하기 어려울 수 있습니다.

그러므로 최종 결과물은 제목 박스 디자인만 재단해서 저장하는 것이 좋습니다. 이럴 때는 별도의 재단 과정 없이 실습처럼 원하는 이미지/그룹에서 [마우스 우클릭]한 후 [PNG으(로) 빠른 내보내기] 기능을 활용하여 편하게 결과물을 저장할 수 있습니다.

▲ 그대로 저장하기

▲ PNG으(로) 빠른 내보내기

03 | 영상 속 정보 제공을 위한 네임 스티커

영상에 보이는 상품이나 모델명, 가격, 주제 등을 돋보이게 할 수 있는 네임 스티커를 만들어보겠습니다. 포토샵에서는 스티커의 형태만 만들고, 내용은 영상 편집 프로그램에서 적용하면 편하게 활용할 수 있습니다.

- 완성 파일: 완성_네임스티커.psd
- 예제 파일: 예제_가구.jpg
- 사용 폰트: 배달의민족 을지로체
- 캔버스 크기: 1920×1080픽셀
- 포토샵 기능: 사각형 도구, 모퉁이 반경, 레이어 정렬, 레이어 마스크
- 디자인 포인트: 견출지 같은 네임 스티커 만들기

 결과 미리 보기

 **견출지 느낌의 틀 만들기**

포토샵의 기본 도구만 잘 활용해도 주변에서 흔히 볼 수 있는 간단한 물건을 쉽게 디자인할 수 있습니다. 〈사각형 도구〉를 사용하여 견출지와 같은 네임 스티커의 기본 틀을 완성해보세요.

01 ① [Ctrl]+[N]을 눌러 새로 만들기 문서 창을 엽니다. 상단 사전 설정 유형에서 ② [영화 및 비디오] 탭을 클릭한 후 ③ [HDTV 1080p]를 선택하고 ④ [만들기] 버튼을 클릭해 새로운 캔버스를 만듭니다.

02 영상에 적용했을 때 어떤 느낌인지 참고할 수 있도록 임의의 이미지를 불러오겠습니다. 상단 메뉴에서 ① [파일 – 포함 가져오기]를 선택하여 **예제_가구.jpg** 파일을 불러옵니다. 자유 변형 상태에서 ② [Enter]를 눌러 그대로 배치합니다.

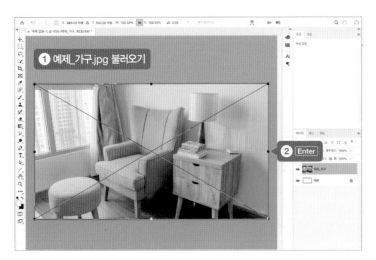

03 총 3개의 사각형 모양을 하나로 합쳐 네임 스티커를 완성하겠습니다. ❶ 〈사각형 도구(U)〉 ▢를 선택하고 옵션 패널에서 ❷ 칠: #ffffff, 획: 색상 없음을 적용합니다. ❸ 캔버스에서 여백을 클릭하고 ❹ 폭: 400 픽셀, 높이: 90픽셀을 적용한 후 ❺ [확인] 버튼을 클릭합니다.

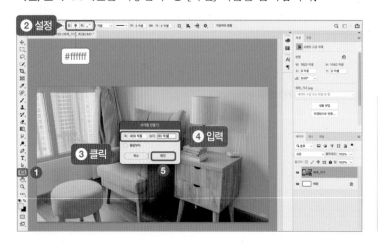

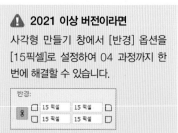

⚠️ **2021 이상 버전이라면**

사각형 만들기 창에서 [반경] 옵션을 [15픽셀]로 설정하여 04 과정까지 한 번에 해결할 수 있습니다.

04 흰색 사각형이 그려지면 모서리를 둥글게 만들기 위해 속성 패널의 '모양' 영역에서 **왼쪽 상단 모퉁이 반경: 15픽셀**을 적용합니다. 모퉁이 반경은 기본적으로 링크로 연결되어 있어 1개 값만 변경하면 나머지 3개도 동일하게 변경됩니다.

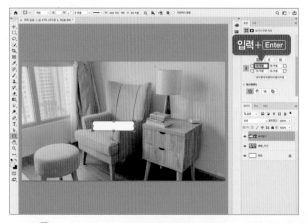

 우디노트 | **2021 신기능, 라이브 코너** 👍 👎 ➡️ ☰+

라이브 코너 기능은 포토샵 CC 2021 버전부터 사용할 수 있는 기능입니다. 실습처럼 속성 패널을 사용하지 않고도 사각형의 각 모퉁이 안쪽에 보이는 동그란 조절점을 드래그하면 모퉁이 반경 값을 조절할 수 있습니다. 라이브 코너 조절점은 처음 〈사각형 도구〉 등으로 모양을 그렸을 때나 〈패스 선택 도구〉로 선택했을 때 표시됩니다.

05 사각형을 추가해 그리겠습니다. ❶ 레이어 패널에서 여백을 클릭하여 레이어 선택을 해제합니다. ❷ 〈사각형 도구(U)〉 ▭를 선택하고 옵션 패널에서 ❸ **칠: 색상 없음, 획: #ff0000, 획 두께: 5 픽셀, 유형: 실선**을 적용한 후 ❹ 캔버스 여백을 클릭하여 ❺ **폭: 385픽셀, 높이: 75픽셀**을 적용한 후 ❻ [확인] 버튼을 클릭합니다.

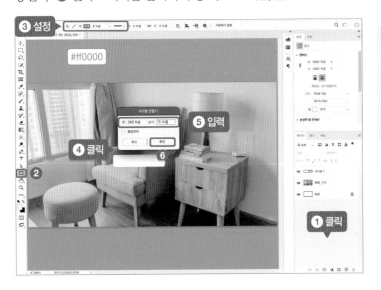

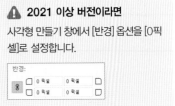

⚠ **2021 이상 버전이라면**

사각형 만들기 창에서 [반경] 옵션을 [0픽셀]로 설정합니다.

▶ **TIP** 사각형 레이어가 선택된 상태에서 사각형 도구의 옵션 패널을 변경하면 선택 중인 사각형에 새 옵션이 적용됩니다. 그러므로 새로 만들 도형의 옵션 값을 적용할 때는 항상 현재 레이어의 선택을 비활성화해야 합니다.

06 사각형을 하나 더 추가하겠습니다. ❶ 레이어 패널의 여백을 클릭하여 선택된 레이어를 해제한 후 사각형 도구의 옵션 패널에서 ❷ **칠: 색상 없음 획: #ff0000, 두께: 3 픽셀**을 적용합니다. ❸ 캔버스 여백을 클릭하여 ❹ **폭: 370픽셀, 높이: 60픽셀**을 적용한 후 ❺ [확인] 버튼을 클릭합니다.

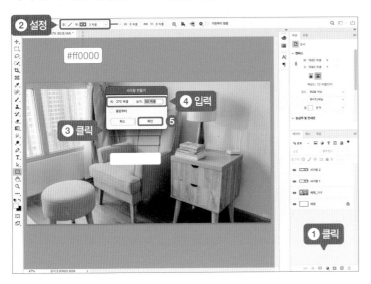

07 다음과 같이 총 3개의 사각형이 그려집니다. 이후 정렬 기능을 사용할 것이므로 자유롭게 배치해도 괜찮습니다.

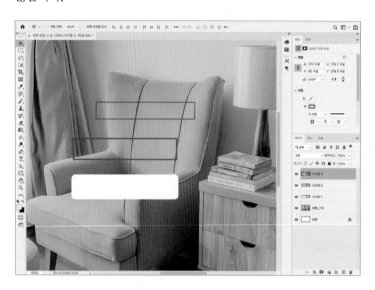

정렬 기능으로 여러 레이어 정확하게 배치하기

포토샵에는 레이어를 다양한 기준으로 정렬할 수 있는 정렬 기능이 있습니다. 이번 실습처럼 여러 레이어를 이용해 하나의 형태를 만들 때는 정확한 위치에 배치하는 것이 좋습니다. 떨어져 있는 3개의 도형을 정렬 기능으로 정확하게 배치해 보겠습니다.

01 레이어 패널에서 3개의 사각형 레이어를 선택합니다. [사각형 3] 레이어를 선택 중이라면 Shift를 누른 채 [사각형 1] 레이어를 클릭하여 3개의 사각형 레이어를 모두 선택할 수 있습니다.

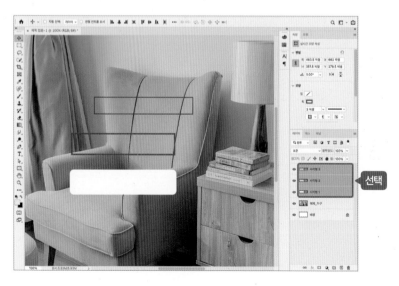

02 ❶ 〈이동 도구([V])〉 ⊕를 선택한 후 옵션 패널을 보면 8개의 정렬 아이콘이 활성화되어 있습니다. 3개 도형의 중심점을 동일하게 맞추기 위해 ❷ 두 번째에 있는 [수평 중앙 정렬] ♣ 아이콘과 여섯 번째에 있는 [수직 가운데 정렬] ⊞ 아이콘을 클릭하여 다음과 같이 한 곳으로 모읍니다.

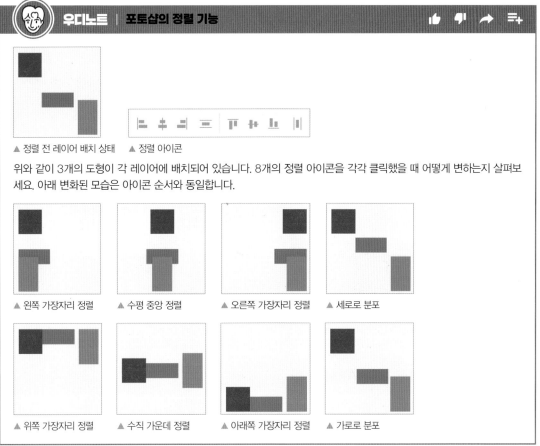

▲ 정렬 전 레이어 배치 상태   ▲ 정렬 아이콘

위와 같이 3개의 도형이 각 레이어에 배치되어 있습니다. 8개의 정렬 아이콘을 각각 클릭했을 때 어떻게 변하는지 살펴보세요. 아래 변화된 모습은 아이콘 순서와 동일합니다.

▲ 왼쪽 가장자리 정렬   ▲ 수평 중앙 정렬   ▲ 오른쪽 가장자리 정렬   ▲ 세로로 분포

▲ 위쪽 가장자리 정렬   ▲ 수직 가운데 정렬   ▲ 아래쪽 가장자리 정렬   ▲ 가로로 분포

03 3개의 사각형을 수평 중앙, 수직 가운데로 정렬했다면 빨간색 사각형도 흰색처럼 모퉁이를 둥글게 변경합니다. 먼저 ❶ [사각형 2] 레이어만 선택하고 속성 패널에서 ❷ **왼쪽 상단 모퉁이 반경: 10픽셀**을 적용합니다.

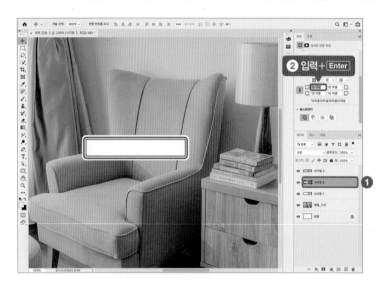

04 이어서 ❶ [사각형 3] 레이어만 선택한 다음 속성 패널에서 ❷ **왼쪽 상단 모퉁이 반경: 5픽셀**을 적용하면 네임 스티커 틀의 기본 형태가 완성됩니다.

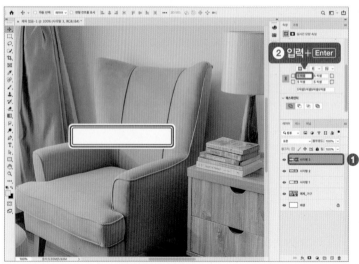

🖌️ 레이어 마스크로 질감 표현하기

견출지와 동일하게 디자인을 완성했으니 그대로 사용해도 괜찮습니다. 하지만 다소 밋밋한 감이 있죠? 포인트를 추가하기 위해 포토샵의 강력한 기능 중 하나인 레이어 마스크를 사용하여 질감을 표현해보겠습니다.

01 ❶ [사각형 2] 레이어가 선택된 상태에서 Ctrl 을 누른 채 [사각형 3] 레이어를 클릭해서 다중 선택한 다음, Ctrl + G 를 눌러 그룹으로 묶습니다. 레이어 패널에서 ❷ [레이어 마스크 추가] ◻ 아이콘을 클릭하여 [그룹 1]에 레이어 마스크를 추가합니다.

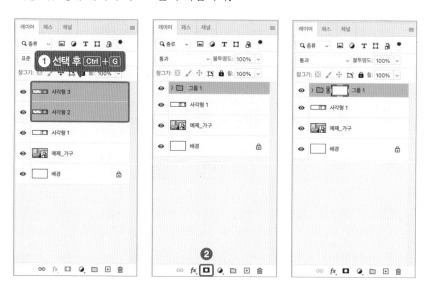

02 ❶ 〈브러시 도구(B)〉를 선택하고 상단의 옵션 패널에서 ❷ **크기: 30픽셀, 브러시 모양: 특수 효과 브러시-Kyle의 스패터 브러시-최고의 스패터 및 텍스처, 불투명도: 100%**를 적용합니다.

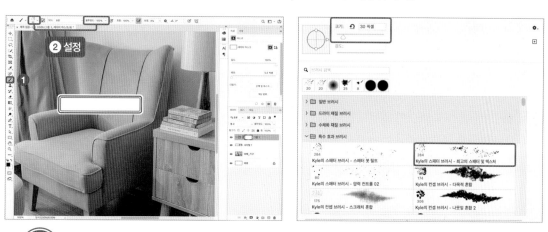

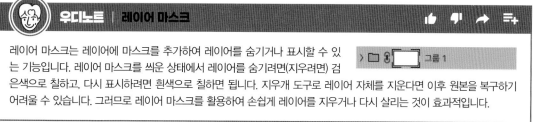

우디노트 | 레이어 마스크

레이어 마스크는 레이어에 마스크를 추가하여 레이어를 숨기거나 표시할 수 있는 기능입니다. 레이어 마스크를 씌운 상태에서 레이어를 숨기려면(지우려면) 검은색으로 칠하고, 다시 표시하려면 흰색으로 칠하면 됩니다. 지우개 도구로 레이어 자체를 지운다면 이후 원본을 복구하기 어려울 수 있습니다. 그러므로 레이어 마스크를 활용하여 손쉽게 레이어를 지우거나 다시 살리는 것이 효과적입니다.

03 도구 패널에서 ❶ [전경색]을 클릭하여 **색상: #000000**을 적용한 후 ❷ 화면을 적당하게 확대하여 ❸ 빨간색 테두리 부분을 여러 차례 드래그하면서 얼룩덜룩한 질감을 표현합니다. 과하게 지워졌다 싶으면 전경색을 흰색(#ffffff)으로 변경한 후 다시 칠해서 복구하면 됩니다.

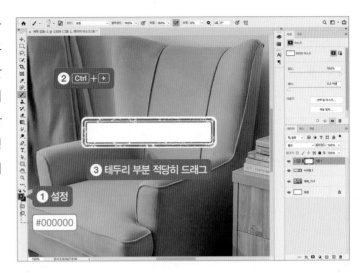

04 네임 스티커가 완성됐습니다. 네임 스티커 부분만 저장하기 위해 [Ctrl]을 누른 채 [사각형 1] 레이어를 클릭하여 추가로 선택한 후 다시 [Ctrl]+[G]를 눌러 그룹으로 묶습니다.

05 ❶ [그룹 2] 그룹 레이어 위에서 [마우스 우클릭]한 후 ❷ [PNG으(로) 빠른 내보내기]를 선택하여 네임 스티커 최종 결과물을 저장합니다.

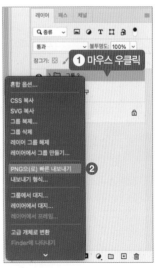

LINK [PNG으(로) 빠른 내보내기]와 관련한 자세한 설명은 218쪽을 참고하세요.

LESSON 04 | 액션 기능으로 간편하게 만든 예능 자막

예능 관련 콘텐츠 영상을 보면 자막 하나도 평범하지 않고 저마다 영상 콘텐츠에 맞춰 특색 있게 사용합니다. 물론 프리미어 프로와 같은 영상 편집 프로그램에서도 독특한 자막을 만들 수 있지만, 아무래도 포토샵에서 만들어 사용하는 것이 좀 더 편리하고, 훨씬 더 디테일하게 표현할 수 있습니다. 이번 실습에서는 우디가 제공하는 액션을 이용하여 손쉽게 자막을 완성해보겠습니다.

- 완성 파일: 완성_예능자막.psd
- 예제 파일: 예제_대화.jpg, 롤스토리디자인연구소_예능자막.atn
- 사용 폰트: G마켓 산스, 여기어때 잘난체
- 캔버스 크기: 1920×1080픽셀
- 포토샵 기능: 액션, 레이어 스타일, 다중 PNG으(로) 빠른 내보내기
- 디자인 포인트: 액션 활용으로 자막 빠르게 생성하기

 동영상 강의

결과 미리 보기

액션 불러와서 등록하기

포토샵에는 작업하는 모든 과정을 기록하여 동일한 과정을 다시 실행할 수 있는 액션(Action) 기능이 있습니다. 액션을 다양한 작업 과정에서 활용할 수 있도록 만들어 상업적으로 거래하기도 합니다. 예제 파일로 제공한 액션 파일을 불러와서 액션 패널에 추가해 사용해보겠습니다.

01 ❶ Ctrl+N을 눌러 새로 만들기 문서 창을 엽니다. 상단 사전 설정 유형에서 ❷ [영화 및 비디오] 탭을 클릭한 후 ❸ [HDTV 1080p]를 선택하고 ❹ [만들기] 버튼을 클릭해 새로운 캔버스를 만듭니다.

02 영상에 적용했을 때 어떤 느낌인지 참고할 수 있도록 상단 메뉴에서 ❶ [파일 – 포함 가져오기]를 선택하여 **예제_대화.jpg** 파일을 불러온 다음 ❷ Enter를 눌러 자유 변형 상태를 마칩니다.

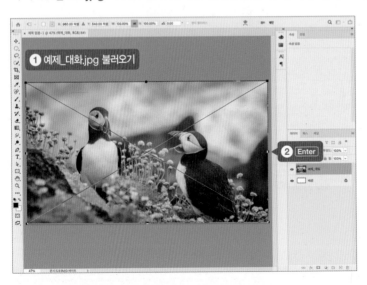

03 액션을 활용하기 위해 상단 메뉴에서 [창 – 액션]을 선택하여 액션 패널을 띄웁니다.

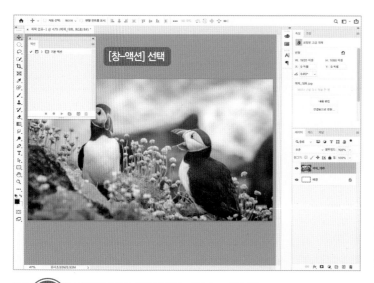

> ▶ TIP 액션 패널은 화면 오른쪽 보조 도구 패널에 표시되며, 패널 이름 부분을 드래그하여 원하는 위치에 배치할 수 있습니다.

 우디노트 | 포토샵 액션

액션은 특정 파일이나 파일 집합에서 실행되는 일련의 작업을 의미하며 메뉴 명령, 패널 옵션, 도구 액션 등을 포함합니다. 예를 들어, 여러 개의 이미지 크기를 일괄하여 변경하고 싶다면 이미지 크기를 변경하는 과정을 기록한 후 나머지 이미지에서는 앞서 작업 과정을 기록한 액션을 재생해서 한 번에 이미지 크기를 변경할 수 있습니다.

액션 패널 아래쪽에 있는 아이콘을 이용해 새로운 액션을 만들거나 삭제할 수 있고, 액션 목록에서 사용할 액션을 선택한 후 [재생] ▶ 아이콘을 클릭하여 해당 액션을 실행할 수 있습니다. 여기서는 액션을 불러와서 활용하는 방법만 소개하므로, 액션을 직접 만드는 방법은 아래 영상 강의를 확인해보세요.

◀ 포토샵 액션 만들기

04 액션 패널에서 오른쪽 위에 있는 ❶ [메뉴]▤ 아이콘을 클릭한 후 ❷ [액션 불러오기]를 선택합니다. 창이 열리면 제공한 예제 파일에서 ❸ **롤스토리디자인연구소_예능자막.atn** 파일을 찾아 불러옵니다. 액션 패널에 [롤스토리디자인연구소_예능자막] 폴더가 추가됩니다. ❹ 폴더를 펼치면 [예능자막_big]과 [예능자막_small] 액션이 포함되어 있습니다.

> **▶ TIP** 각 액션을 펼쳐보면 해당 액션에서 진행되는 상세 과정을 살펴볼 수 있습니다. 액션을 실행하려면 반드시 세부 과정이 아닌 액션의 제목을 선택한 후 [재생] ▶ 아이콘을 클릭해야 합니다.

🖌 액션 실행하여 예능 자막 만들기

제공한 액션이 액션 패널에 잘 들어왔다면 이제 액션을 실행해서 손쉽게 원하는 내용으로 자막을 완성할 수 있습니다. 제공한 액션에는 기본 디자인이 완성되어 있으며, 사용자는 내용과 색상만 지정하면 됩니다.

01 액션을 실행해보겠습니다. 액션 패널에서 ❶ [예능자막_big]을 클릭해서 선택한 후 아래쪽에 있는 ❷ [선택 영역 재생] ▶ 아이콘을 클릭하여 선택한 액션을 실행합니다.

02 그림처럼 간단한 사용 방법이 적힌 [step 01] 안내 창이 열리면 내용을 확인하고 [계속] 버튼을 클릭합니다.

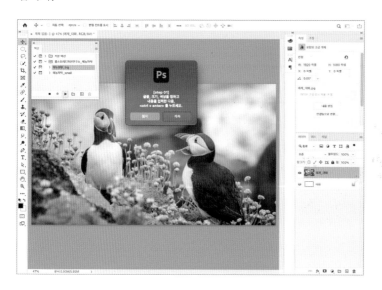

03 '내용입력'이라고 입력된 문자 레이어가 나타나면 ❶ 문자 패널에서 ❷ 글꼴, 크기, 색상 등을 변경한 후 ❸ 자막 내용을 입력하고 ❹ Ctrl+Enter를 누릅니다. 실습에서는 **색상: #ffffff** 옵션만 변경한 후 **생각을 해!**를 입력했습니다.

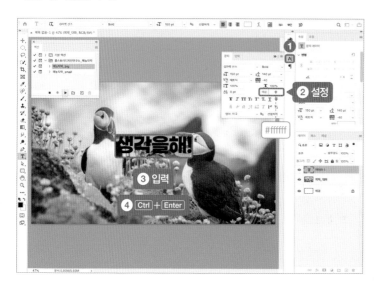

▶TIP 액션에서 기본 문자 옵션은
[글꼴: G마켓 산스, 크기: 150pt, 자간:
−40, 색상: #ebebeb]가 적용된 상태
입니다.

04 입력한 문구가 자동으로 입체로 바뀌며, [step 02] 안내 창이 나타납니다. 이후 과정에서 선택할 그림자 색상을 복사해놓으라는 내용을 확인하고 [계속] 버튼을 클릭합니다.

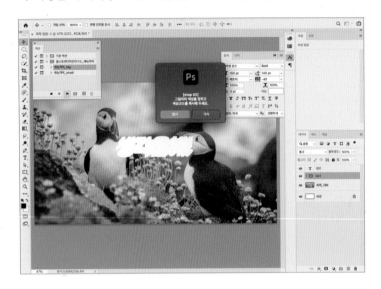

05 입체감을 표현한 그림자 부분의 색상을 변경할 수 있도록 레이어 스타일 창이 열립니다. ❶ **색상** 옵션을 클릭한 후 색상 피커 창이 열리면 ❷ 원하는 색상을 선택하고, 선택한 색상 코드를 복사하거나 외워놓습니다. ❸❹ [확인] 버튼을 클릭하여 색상 피커 창과 레이어 스타일 창을 닫으면 다음 과정이 진행됩니다.

06 마지막 [step 03] 안내 창이 열립니다. 다음 과정에서는 문자 테두리(획)의 색상을 지정합니다. [계속] 버튼을 클릭하여 액션을 진행합니다.

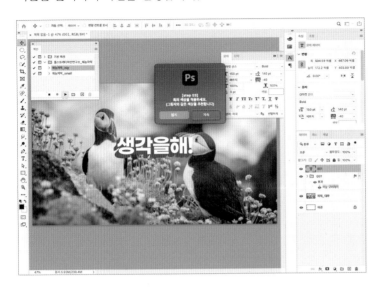

07 레이어 스타일 창이 열리면 ❶ **색상** 옵션을 클릭하여 ❷ 앞서 그림자에 적용한 색과 같은 색을 적용하고 ❸ ❹ [확인] 버튼을 클릭하여 색상 피커 창과 레이어 스타일 창을 닫습니다.

▶ TIP 획의 색상을 그림자 색과 다르게 자유롭게 변경해도 됩니다. 다만, 보편적으로 그림자 부분과 획의 색상을 통일하면 더 보기가 좋습니다.

08 [예능자막_big] 액션이 완료되면서 입력한 자막도 멋지게 완성되었습니다. 레이어 패널을 보면 문자가 아닌 이미지로 변환된 최종 결과 레이어(완성_big)를 볼 수 있습니다.

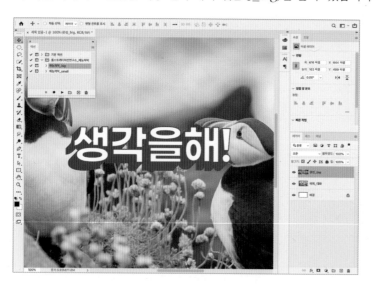

09 계속해서 ❶ [예능자막_small] 액션을 ❷ 실행한 후 ❸ **너정말..**이라는 자막을 완성해보세요. 2개의 자막을 완성한 후에는 ❹ 〈이동 도구(Ⓥ)〉⊕를 선택하여 ❺ 적절한 위치에 배치합니다.

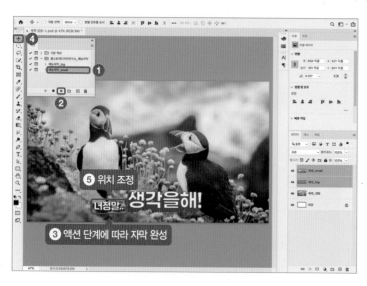

> ▶ **TIP** 자막이 더 필요하다면 언제든 원하는 크기의 액션을 실행해서 여러 개의 자막을 빠르게 추가할 수 있습니다.

10 이제 완성한 자막을 이미지 파일로 저장하면 됩니다. ❶ Ctrl 또는 Shift 를 누른 채 자막 레이어 2개를 다중 선택하고 [마우스 우클릭]한 후 ❷ [PNG으(로) 빠른 내보내기]를 선택하여 2개의 예능 자막 이미지를 저장합니다.

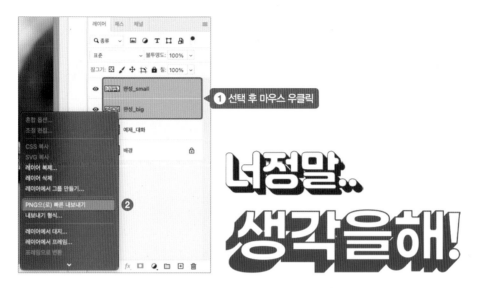

▶ **TIP** 여러 레이어를 선택한 후 [PNG으(로) 빠른 내보내기]를 실행하면 레이어에 따라 개별 파일로 저장됩니다. 즉, 위 실습에서는 2개의 이미지 파일이 저장됩니다. [PNG으(로) 빠른 내보내기]에 대한 자세한 설명은 209쪽을 참고하세요.

구독, 좋아요를 부르는 디자인 버튼

꼭 클릭해야 할 것만 같은 버튼 모양으로 구독 버튼을 만들어보겠습니다. 버튼 안의 내용은 좋아요 버튼 등으로 얼마든지 자유롭게 변경해서 활용할 수 있습니다.

- 완성 파일: 완성_구독버튼.psd
- 사용 폰트: G마켓 산스
- 캔버스 크기: 1920 × 1080픽셀
- 포토샵 기능: 사각형 도구, 모퉁이 반경, 고급 안내선, 레이어 스타일 지우기
- 디자인 포인트: 버튼 느낌으로 디자인하기

▨ 결과 미리 보기

사각형 모양의 기본 버튼 틀 만들기

완성 결과를 보면 디자인하기 복잡하다고 생각할 수 있지만, 실제로는 단순한 사각형 모양에 레이어 스타일을 적용한 후 또 다른 사각형을 추가해 그림자처럼 활용하는 매우 간단한 디자인입니다. 먼저 기본 모양이 될 사각형을 디자인해봅니다.

01 ❶ Ctrl + N을 눌러 새로 만들기 문서 창을 엽니다. 상단 사전 설정 유형에서 ❷ [영화 및 비디오] 탭을 클릭한 후 ❸ [HDTV 1080p]를 선택하고 ❹ [만들기] 버튼을 클릭해 새로운 캔버스를 만듭니다.

02 버튼 틀을 만들기 위해 ❶ 〈사각형 도구(U)〉 □를 선택하고 옵션 패널에서 ❷ 칠: #de0016, 획: #색상 없음을 적용합니다. ❸ 캔버스에서 빈 곳을 클릭하여 ❹ 폭: 350픽셀, 높이: 100픽셀을 적용한 후 ❺ [확인] 버튼을 클릭합니다.

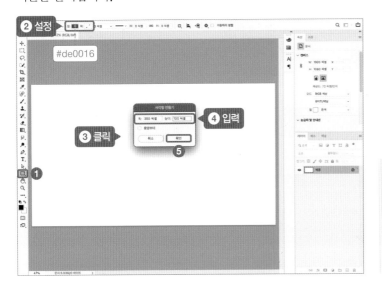

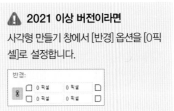

⚠ 2021 이상 버전이라면

사각형 만들기 창에서 [반경] 옵션을 [0픽셀]로 설정합니다.

03 빨간색 사각형이 만들어지면 ❶ 〈이동 도구(▽)〉⊕를 선택한 후 ❷ 사각형을 드래그하여 캔버스 정 중앙에 배치합니다. 사각형을 드래그하다 보면 표시되는 고급 안내선을 활용하세요.

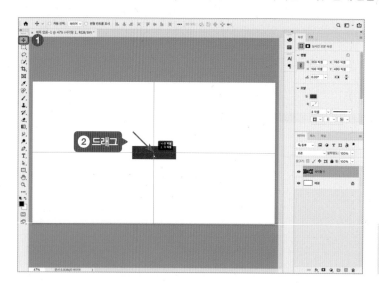

> **LINK** 고급 안내선과 관련한 자세한 설명은 197쪽을 참고하세요.

04 사각형 모서리를 둥글게 만들기 위해 속성 패널의 '모양' 영역에서 **상단 왼쪽 모퉁이 반경: 15픽셀**을 적 용합니다. 한 곳만 변경하면 네 곳의 모퉁이 반경 값이 동일하게 적용됩니다.

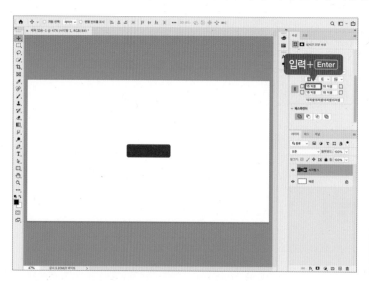

> **▶TIP** 모퉁이 반경 옵션 옆에 있는 사슬 모양의 [링크] ⑧ 아이콘을 클릭하여 해제하면 각 모퉁이마다 서로 다른 수치를 적용할 수 있습니다.

05 도형에 테두리(획)를 적용하기 위해 레이어 패널에서 ❶ [사각형 1] 레이어 이름 옆 여백을 더블 클릭합니다. 레이어 스타일 창이 열리면 ❷ [획]을 선택한 후 ❸ **크기: 7px, 위치: 안쪽, 색상: #ff0000**을 적용하고 ❹ [확인] 버튼을 클릭합니다.

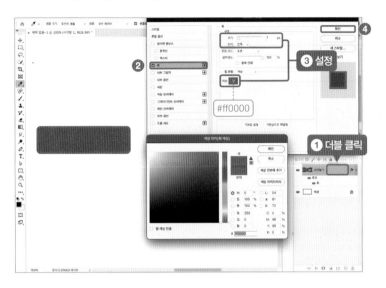

🖌 사각형을 겹쳐서 그림자처럼 표현하기

버튼의 기본 틀이면서 윗부분에 해당하는 빨간색 사각형 디자인을 마쳤다면, 이제 간단한 방법으로 입체감을 표현하여 버튼 디자인을 완성해보겠습니다.

01 레이어 패널에서 [사각형 1] 레이어가 선택된 상태로 Ctrl + J 를 눌러 빨간색 사각형을 복제합니다. 복제한 후 캔버스에는 똑같은 모양의 사각형 2개가 겹쳐 있어 육안으로는 구분하기 어렵습니다.

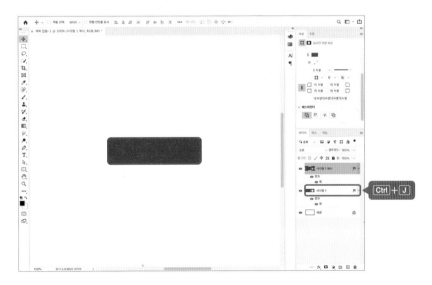

02 레이어 패널에서 ❶ 아래쪽에 있는 원본 사각형인 [사각형 1] 레이어를 선택하고 ❷ Shift + ↓ 를 2번 눌러 20px 아래로 위치를 옮깁니다. 겹쳐 있는 2개의 도형이 분리되어 보입니다.

우디노트 | 도형 옮기기

도형을 그리거나 문자를 입력한 후 〈이동 도구(V)〉를 선택하고 드래그하면 원하는 위치로 자유롭게 옮길 수 있습니다. 만약 세밀한 움직임이 필요하다면 키보드를 이용하세요. 다음과 같이 단축키를 눌러 1픽셀 혹은 10픽셀 단위로 도형이나 문자를 움직일 수 있습니다.

· 1픽셀 단위로 이동: ←, →, ↑, ↓
· 10픽셀 단위로 이동: Shift + [←, →, ↑, ↓]

03 아래쪽 사각형을 그림자처럼 표현하기 위해 레이어 패널에서 ❶ [사각형 1] 레이어를 [마우스 우클릭]한 후 ❷ [레이어 스타일 지우기]를 선택하여 적용된 스타일을 모두 지웁니다.

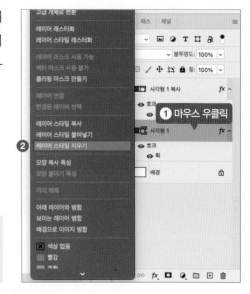

▶TIP 레이어 패널에서 적용된 레이어 스타일을 각각 선택하여 지울 수 있지만 [레이어 스타일 지우기]를 선택하면 적용된 모든 레이어 스타일을 일괄하여 지울 수 있습니다.

04 계속해서 레이어 패널에서 **①** [사각형 1] 레이어의 섬네일을 더블 클릭하여 색상 피커 창을 열고 **②** 색상: #b30011을 적용한 후 **③** [확인] 버튼을 클릭합니다. 앞에 있는 사각형보다 진한 빨간색으로 표현함으로써 그림자처럼 보이는 것을 확인할 수 있습니다.

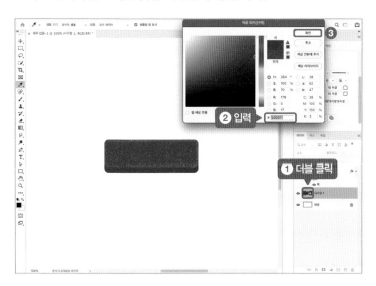

🖌️ 문자 입력 및 PNG 파일로 저장하기

버튼 디자인이 끝났습니다. 이제 마지막으로 샘플 문구를 입력한 후 버튼 이미지 부분만 빠르게 PNG 파일로 저장해보겠습니다. 입력한 샘플 문구는 자유롭게 변형해서 활용하면 됩니다.

01 문자를 입력하기 위해 **①** 〈수평 문자 도구(T)〉 T를 선택한 후 **②** 문자 패널에서 **③** 글꼴: G마켓 산스, Bold, 크기: 50pt, 색상: #000000을 적용하고, 옵션 패널에서 **④** 중앙 정렬을 적용합니다. **⑤** 캔버스에서 빈 곳을 클릭하여 SUBSCRIBE를 입력한 후 **⑥** Ctrl + Enter 를 눌러 입력을 마칩니다.

> ▶ **TIP** 새로운 문자를 입력하기 위해 도형 위를 클릭하면 해당 도형이 문자 입력 영역으로 설정되어 이동, 크기 변경 등을 할 때 다소 불편합니다. 그러므로 빈 곳에 입력한 후 원하는 위치로 옮기는 것이 좋습니다. 또한 흰 배경에서 흰색으로 입력하면 내용이 보이지 않으므로 흰색이 아닌 다른 색상으로 입력하고 이후에 색상을 변경합니다.

02 레이어 패널에서 ❶ 추가된 [SUBSCRIBE] 문자 레이어를 가장 위로 드래그하여 순서를 바꿉니다. ❷ 〈이동 도구(Ⅴ)〉 ⊕를 선택한 후 그림과 같이 ❸ 문자를 버튼의 중앙에 배치한 다음, 다시 문자 패널에서 ❹ **색상: #ffffff**로 변경하여 디자인을 마무리합니다.

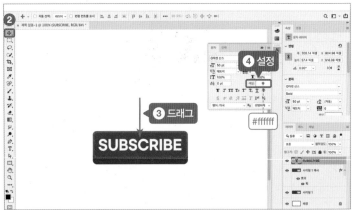

03 완성한 버튼 디자인 부분만 저장하기 위해 레이어 패널에서 ❶ Shift 를 누른 채 [사각형 1] 레이어를 클릭하여 선택합니다. 중간에 있던 [사각형 1 복사] 레이어까지 다중 선택됩니다. 그대로 Ctrl + G 를 눌러 그룹으로 묶습니다. ❷ 그룹 위에서 [마우스 우클릭]한 후 ❸ [PNG으(로) 빠른 내보내기]를 선택하여 최종 결과물을 저장합니다.

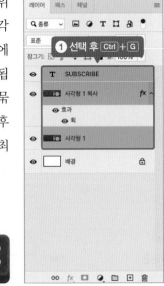

> ▶TIP 레이어 패널에서 문자 레이어를 선택한 후 캔버스에서 문자를 더블 클릭하면 손쉽게 내용을 변경할 수 있습니다. 다음과 같이 다양한 형태의 버튼을 만들어 활용해보세요.
>
> 아 맞다! 구독!   구독은 공짜   좋아요 꾸욱~
>
> LINK [PNG으(로) 빠른 내보내기]와 관련한 자세한 설명은 209쪽을 참고하세요.

CHAPTER 06

영상 콘텐츠를
마무리하는 최종 화면

유명 크리에이터들의 영상을 보면 영상 마지막 장면에서 다른 영상 콘텐츠 시청을
자연스럽게 유도하는 배너나 구독 요청 버튼을 볼 수 있습니다.
이와 같은 화면을 최종 화면이라고 합니다.
다소 번거롭긴 하지만 최종 화면을 잘 꾸며두면
시청자가 계속해서 내 채널, 내 영상 콘텐츠를 시청하거나 구독으로도 이어지도록 유도할 수 있습니다.
단순히 유튜브 자체의 최종 화면 기능만 사용할 게 아니라 보기 좋은 디자인을 적용해보세요.

최종 화면 디자인 전 알고 가기

▶ 동영상 강의

프리미어 프로에서 최종 화면 배치하기

포토샵에서 완성한 최종 화면을 프리미어 프로와 같은 영상 편집 프로그램에서 편집할 때 최종 화면이 노출될 구간을 5초에서 20초 사이로 설정하여 이미지 클립으로 배치합니다. 그런 다음 유튜브에서 최종 화면 기능을 이용해 영상 배너 및 구독 배너 등의 요소를 추가하여 마무리합니다.

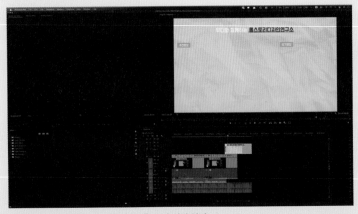

▲ 프리미어 프로에서 최종 화면의 노출 구간 설정 화면

유튜브에서 최종 화면 레이아웃 설정하기

프리미어 프로에서 최종 화면 디자인을 배치했다면 이후에는 유튜브 스튜디오(https://studio.youtube.com/)에서 최종 화면 기능을 적용하고, 디자인에 맞춰 레이아웃을 적용해야 합니다.

01 유튜브 스튜디오에 접속한 후 화면 왼쪽에서 ❶ [콘텐츠]를 선택합니다. 업로드한 영상 목록이 표시되면 최종 화면을 적용할 영상에서 ❷ 연필 모양의 [세부정보] 아이콘을 클릭합니다.

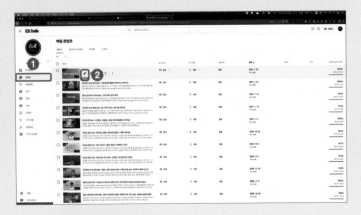

02 동영상 세부정보 화면이 열리면 아래에 있는 [최종 화면] 버튼을 클릭합니다.

03 최종 화면 창이 열리면 사용할 기본 레이아웃을 선택하고 디자인에 맞춰 레이아웃을 추가 및 조정한 후 각 요소에 배치할 항목과 구간을 결정합니다.

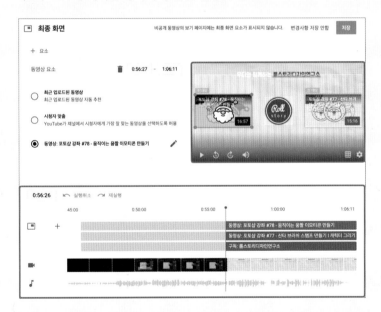

LESSON 01 구깃구깃 종이 질감의 최종 화면

최종 화면을 잘 구성한다면 여러분 채널의 시청 시간이나 구독자를 늘리는 데 도움이 될 겁니다. 구겨진 종이 이미지 배경만 사용하여 질감이 느껴지면서도 가장 쉽게 완성할 수 있는 최종 화면 구성을 만들어보겠습니다.

- 완성 파일: 완성_종이질감최종화면.psd
- 예제 파일: 예제_최종화면01.psd, 예제_종이질감.jpg
- 사용 폰트: 배달의민족 도현
- 캔버스 크기: 1920 ×1080픽셀
- 포토샵 기능: 자유 변형, 곡선, 사각형 만들기, 블렌딩 모드
- 디자인 포인트: 쉽게 완성할 수 있고, 질감이 느껴지는 디자인 구성하기

결과 미리 보기

기본 레이아웃 구성, 영상 + 구독 + 영상

FHD 해상도인 1920×1080픽셀 화면에서 가장 많이 사용하는 기본 레이아웃 구성은 '영상+구독+영상' 배너가 가운데로 정렬된 형태입니다. 본격적으로 디자인하기 전에 사용할 레이아웃을 정합니다.

01 포토샵을 실행한 후 Ctrl+O를 눌러 **예제_최종화면01.psd** 파일을 불러옵니다. 레이어 패널을 보면 [가이드] 그룹 레이어가 있으며, 캔버스에는 빨간색 도형으로 기본 레이아웃이 구성되어 있습니다.

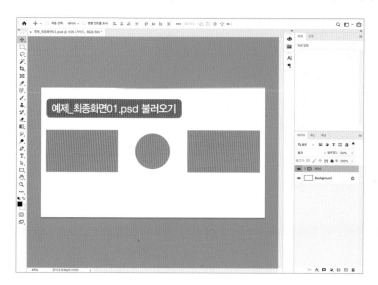

> **▶TIP** 예제 파일의 캔버스 크기는 유튜브 FHD 해상도 영상과 같은 크기인 1920×1080픽셀입니다.

> **▶TIP** [가이드] 그룹 레이어는 추후 유튜브에서 실제 최종 화면 요소를 배치할 참고용 가이드입니다. 그러므로 최종 결과물을 저장할 때는 [가이드] 그룹 레이어를 숨긴 후 저장합니다.

02 종이 질감 배경을 표현하기 위해 상단 메뉴에서 ❶ [파일−포함 가져오기]를 선택하여 **예제_종이질 감.jpg** 파일을 불러옵니다. 세로 형태의 이미지가 나타나면 ❷ 조절점 바깥쪽에 커서를 두고 Shift를 누른 채 드래그하여 그림처럼 90도 회전시킵니다.

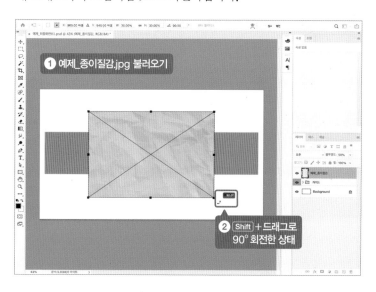

03 이어서 ① Alt 를 누른 채 조절점을 바깥쪽으로 드래그하여 캔버스 가득 이미지를 채운 후 ② Enter 를 눌러 자유 변형을 마칩니다.

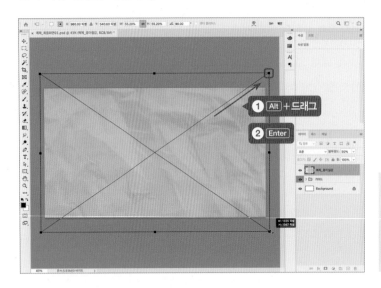

> ▶ **TIP** 자유 변형 상태에서 Shift 를 누른 채 조절점 바깥쪽을 드래그하면 15도 단위로 회전시킬 수 있고, Alt 를 누른 채 크기를 변경하면 중심부를 고정한 채 크기를 변경할 수 있습니다.

04 종이 질감 배경을 조금 더 밝게 보정하기 위해 상단 메뉴에서 ① [이미지–조정–곡선] 메뉴를 선택합니다(Ctrl+M). 곡선 창이 열리면 ② 곡선 그래프에서 중앙부 주변을 상단으로 드래그하여 이미지의 전체적인 밝기를 증가시킵니다.

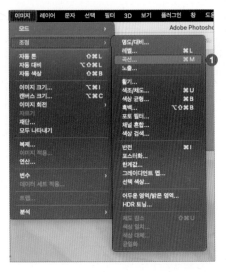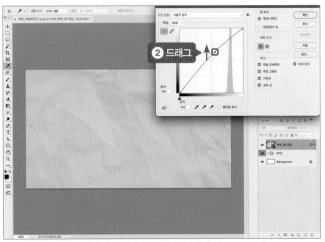

> **LINK** 곡선 그래프에서는 이미지의 노출 및 색조를 조절할 수 있습니다. 자세한 설명은 148쪽을 참고하세요.

05 레이어 패널에서 [가이드] 그룹 레이어를 맨 위로 드래그하여 순서를 변경합니다. 종이 질감에 가려져 있던 가이드가 다시 나타납니다.

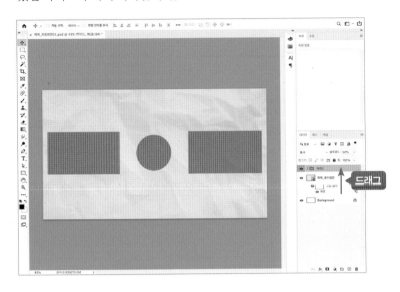

영상 배너 영역의 제목 입력하기

최종 화면에 사용할 배경을 추가하고, 기본적인 레이아웃 구성을 이해했다면 그대로 영상 편집에 활용해도 무방합니다. 하지만 이대로 끝내기보다 최종 화면에서 소개하는 영상이 어떤 영상인지 명확하게 알 수 있게 제목을 입력해주겠습니다.

01 제목 입력 영역을 만들기 위해 ❶ 〈사각형 도구(U)〉 □를 선택하고 옵션 패널에서 ❷ 칠: #009cff, 획: 색상 없음을 적용한 다음 ❸ 캔버스에서 여백을 클릭합니다. 사각형 만들기 창이 열리면 ❹ 폭: 160픽셀, 높이: 55픽셀을 적용한 후 ❺ [확인] 버튼을 클릭합니다.

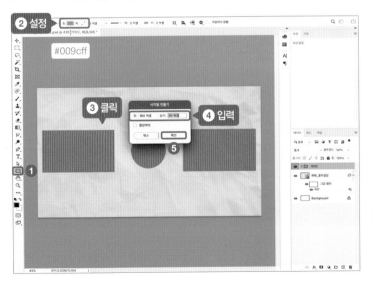

> ⚠️ **2021 이상 버전이라면**
> 사각형 만들기 창에서 [반경] 옵션을 [0픽셀]로 설정합니다.

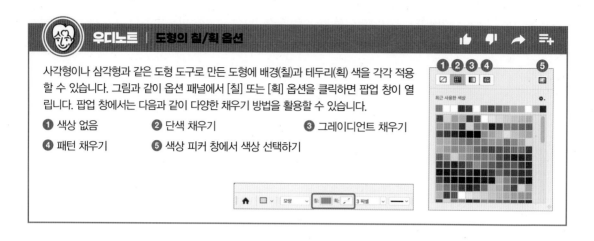

우디노트 | 도형의 칠/획 옵션

사각형이나 삼각형과 같은 도형 도구로 만든 도형에 배경(칠)과 테두리(획) 색을 각각 적용할 수 있습니다. 그림과 같이 옵션 패널에서 [칠] 또는 [획] 옵션을 클릭하면 팝업 창이 열립니다. 팝업 창에서는 다음과 같이 다양한 채우기 방법을 활용할 수 있습니다.

❶ 색상 없음 ❷ 단색 채우기 ❸ 그레이디언트 채우기
❹ 패턴 채우기 ❺ 색상 피커 창에서 색상 선택하기

02 파란색 사각형이 그려지면 ❶ 〈이동 도구(V)〉✛를 선택한 후 ❷ 캔버스에서 사각형을 드래그하여 그림과 같이 왼쪽 영상 배너 위쪽에 배치합니다.

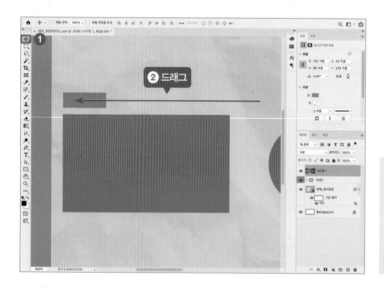

> ▶ **TIP** 사각형을 드래그하다 보면 고급 안내선이 표시되어 원하는 위치에 배치하거나 정렬하기가 쉽습니다. 고급 안내선이 나타나지 않는다면 상단 메뉴에서 [보기-표시-고급 안내선]을 선택해서 체크합니다.

03 문자를 입력하기 위해 ❶ 〈수평 문자 도구(T)〉 T를 선택하고 ❷ 문자 패널에서 ❸ **글꼴: 배달의민족 도현, 크기: 30pt, 색상: #ffffff**를 적용합니다. ❹ 캔버스에서 빈 곳을 클릭하여 **추천영상**을 입력한 후 ❺ Ctrl +Enter를 눌러 마칩니다.

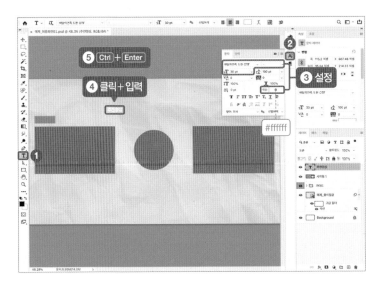

04 다시 ❶ 〈이동 도구(V)〉 ✛를 선택하고 ❷ 그림과 같이 사각형 레이어 위로 드래그하여 배치합니다.

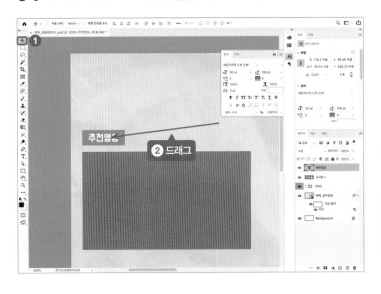

▶TIP 문자를 입력할 때 도형 위를 클릭하면 해당 도형이 문자 입력 영역으로 지정되어 위치나 크기 등을 자유롭게 변경하는 데 어려움이 있습니다. 그러므로 의도한 게 아니라면 여백을 클릭하여 입력하고, 이후 원하는 위치로 옮기는 것이 좋습니다.

05 레이어 패널에서 ❶ [사각형 1] 레이어를 선택하고 ❷ **블렌딩 모드: 핀 라이트**를 적용하여 종이 질감이 은은하게 비춰질 수 있게 표현합니다.

> ▶ **TIP** 블렌딩 모드는 레이어와 레이어를 다양한 모드로 혼합할 수 있는 기능입니다.

06 ❶ [Shift]를 누른 채 [추천영상] 문자 레이어를 선택하여 다중 선택하고, [Ctrl]+[J]를 눌러 2개의 레이어를 복제합니다. 이동 도구 옵션 패널에서 ❷ **자동 선택**의 체크가 해제된 것을 확인한 후 ❸ 캔버스에서 [Shift]를 누른 채 오른쪽으로 드래그해서 옮깁니다.

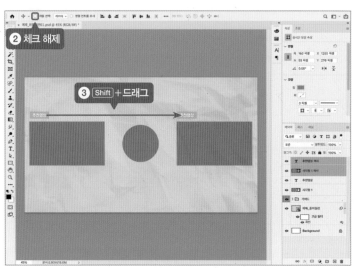

07 레이어 패널에서 ❶ [추천영상 복사] 문자 레이어의 섬네일을 더블 클릭하여 문자 편집 상태가 되면 ❷ 인기영상으로 내용을 변경하고 ❸ [Ctrl] + [Enter]를 눌러 마칩니다.

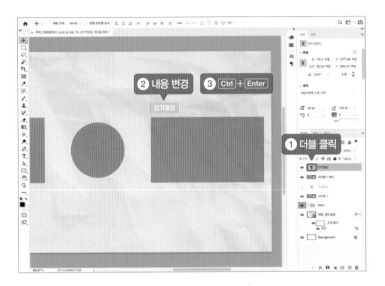

시청자에게 채널명 각인시키기

최종 화면에서는 배너가 배치될 영역을 제외하고 문자, 아이콘, 이미지 등을 이용해 자유롭게 꾸밀 수 있습니다. 시청자들이 채널명을 다시 한 번 떠올릴 수 있도록 위쪽 중앙에 채널명을 입력하고 디자인을 마무리하겠습니다.

01 ❶ 〈수평 문자 도구([T])〉 [T]를 선택하고 ❷ 문자 패널에서 ❸ 글꼴: 배달의민족 도현, 크기: 55pt, 색상: #ffffff를 적용한 후 ❹ 캔버스에서 위쪽 채널명 입력할 곳을 클릭하여 **우디와 함께하는 롤스토리디자인연구소**를 입력합니다.

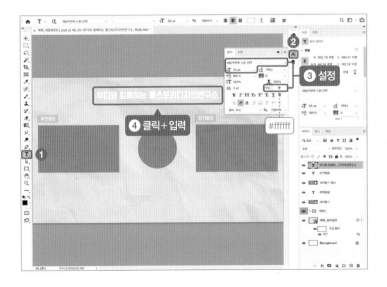

02 입력한 문자 중 ❶ '롤스토리디자인연구소' 부분만 드래그하여 선택합니다. 문자 패널에서 ❷ **색상:** #004a69를 적용하고 ❸ Ctrl+Enter를 눌러 마칩니다.

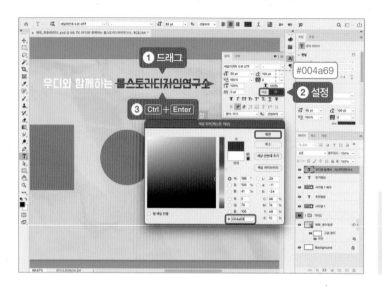

▶ TIP 채널명의 위치를 위쪽 중앙에 정확하게 배치하고 싶다면 〈이동 도구 (V)〉 ⊕ 를 선택한 후 드래그해서 고급 안내선을 활용합니다.

03 문자만 입력하니 다소 밋밋해 보입니다. 중요 단어를 강조하는 듯한 장식을 추가해보겠습니다. 레이어 패널에서 ❶ [사각형 1 복사] 레이어를 선택하고 Ctrl+J를 눌러 복제한 후 ❷ 〈이동 도구(V)〉 ⊕ 를 선택하여 ❸ 그림처럼 배치합니다.

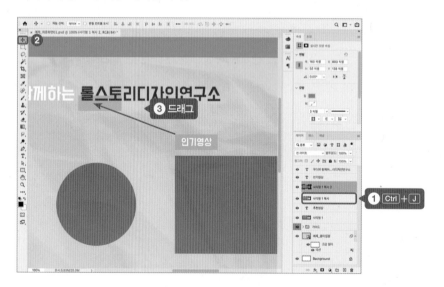

04 ❶ Ctrl+T를 눌러 자유 변형을 실행합니다. ❷ Shift를 누른 채 오른쪽 아래에 있는 조절점을 오른쪽 위를 향해 드래그한 다음 오른쪽 중앙에 있는 조절점을 '소' 위치까지 드래그하여 그림처럼 완성하고 Enter를 눌러 마칩니다.

▶ TIP 자유 변형 모드에서 크기를 변경할 때 옵션 패널을 보면 사슬 모양의 [종횡비 설정] 아이콘이 활성화되어 가로/세로 비율을 유지한 채 크기가 변경됩니다. 이때 Shift를 누르면 일시적으로 종횡비 설정을 비활성화할 수 있습니다.

05 최종 화면의 모든 디자인이 끝났습니다. 시작할 때 언급했듯이 ❶ [가이드] 그룹 레이어의 눈 모양 아이콘을 클릭해서 숨긴 후 ❷ Ctrl+Shift+S를 눌러 포토샵의 원본 파일인 PSD 포맷으로 저장합니다.

▶ TIP 최종 화면은 영상 콘텐츠에 따라 내용을 손쉽게 변경할 수 있습니다. 또한 프리미어 프로와 같은 영상 편집 프로그램에서 실시간으로 수정되는 라이브 업데이트 기능을 구현하기 위해 어도비 포토샵의 원본 파일인 PSD 포맷으로 저장했습니다.

02 자유로운 그레이디언트로 만든 최종 화면

그레이디언트를 활용하면 화려한 디자인을 완성할 수 있습니다. 이때 점점 투명도해지도록 설정하면 2분할된 최종 화면을 간단히 만들 수 있습니다. 여기서는 그레이디언트 기능을 활용하지 않고 자유로운 형태의 그레이디 언트 만드는 방법을 소개합니다.

- 완성 파일: 완성_그레이디언트최종화면.psd
- 예제 파일: 예제_최종화면02.psd, 예제_인터뷰.jpg
- 캔버스 크기: 1920×1080픽셀

- 포토샵 기능: 자유 변형, 브러시 도구, 흐림 효과, 레이어 마스크, 그레이디언트
- 디자인 포인트: 과하지 않으면서 영상을 자연스럽게 2분할하는 그레이디언트 만들기

결과 미리 보기

자유로운 드로잉으로 그레이디언트 배경 만들기

그레이디언트 기능을 활용하면 간격이나 각도가 일정한 형태로만 디자인할 수 있습니다. 하지만 여기서는 독창적인 형태의 자유 그레이디언트를 만듭니다. 구독 배너와 영상 배너를 각각 1개씩만 배치하는 레이아웃을 확인하고 새로운 방법으로 그레이디언트 배경을 만들어보겠습니다.

01 Ctrl + O 를 눌러 **예제_최종화면02.psd** 파일을 불러옵니다. 예제 파일은 FHD 해상도인 1920×1080픽셀이며, [가이드] 그룹 레이어에는 구독 배너와 영상 배너가 배치되어 있습니다.

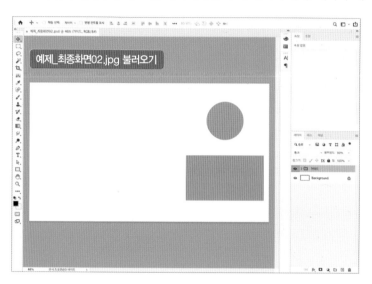

02 상단 메뉴에서 ❶ [파일-포함 가져오기]를 선택한 후 **예제_인터뷰.jpg** 파일을 불러옵니다. ❷ 이미지를 왼쪽으로 드래그해서 그림과 같이 배치한 후 ❸ Enter 를 눌러 마칩니다. 이 이미지는 최종 화면의 레이아웃을 참고하기 위한 참고용 이미지입니다.

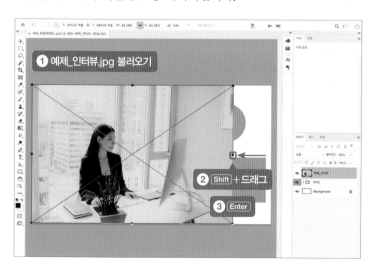

03 캔버스에서 가이드가 모두 보이도록 레이어 패널에서 [예제_인터뷰] 레이어를 [가이드] 레이어 아래로 드래그하여 순서를 변경합니다.

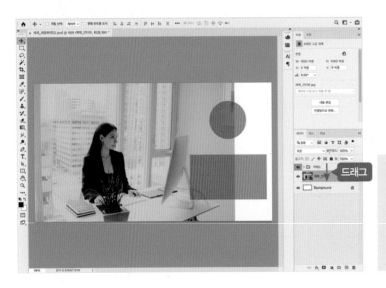

> ▶ **TIP** [예제_인터뷰] 레이어를 [가이드] 레이어 아래로 드래그하면 자칫 [가이드] 그룹 안으로 들어갈 수 있으니 주의해서 옮겨주세요. 실수를 방지하기 위해 [가이드] 그룹 레이어를 선택하여 위로 드래그해도 좋습니다.

04 본격적으로 그레이디언트 배경을 만들어보겠습니다. 레이어 패널에서 ❶ [새 레이어 만들기] ⊡ 아이콘을 클릭하여 레이어를 추가하고 ❷ 드래그하여 맨 위로 올립니다.

05 ❶ ⟨브러시 도구(B)⟩ ✏️를 선택하고 옵션 패널에서 ❷ **모양: 일반 브러시-선명한 원, 크기: 175픽셀, 불투명도: 100%, 흐름: 100%, 보정: 0%**을 적용합니다.

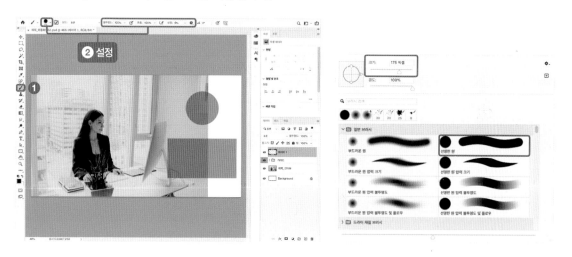

06 이제 캔버스 전체에 다양한 색상으로 색을 칠하겠습니다. 먼저 도구 패널에서 ❶ [전경색]을 클릭한 후 **색상: #0023bb**을 적용하고 ❷ 그림과 같이 자유롭게 드래그하면서 색을 칠합니다.

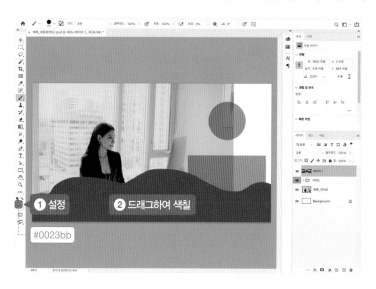

▶️**TIP** 모양이 이상해도 괜찮습니다. 자유로운 형태의 그레이디언트를 표현하기 위한 것이니 원하는 형태, 다양한 색상으로 다채롭게 칠하면 됩니다.

07 계속해서 전경색을 다른 색으로 바꿔가면서 캔버스를 다채로운 색으로 가득 칠해줍니다. 실습에서는
06 과정에 이어 **#0030ff, #0084ff, #8400ff, #a800ff** 순서로 전경색을 변경하면서 캔버스를 칠했습니다.

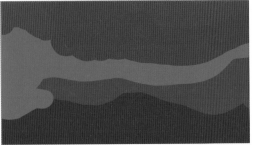

08 캔버스 가득 색을 채웠다면 ❶ 상단 메뉴에서 [필터−흐림 효과−가우시안 흐림 효과]를 선택합니다.
가우시안 흐림 효과 창이 열리면 ❷ **반경: 100픽셀**을 적용하고 ❸ [확인] 버튼을 클릭합니다. 색상과 색상 경
계가 흐려지면서 자연스러운 그레이디언트가 완성됩니다.

레이어 마스크로 2분할 완성하기

자유롭게 표현한 그레이디언트를 만들었습니다. 이제 포토샵의 레이어 마스크 기능을 이용하여 화면 왼쪽으로 갈수록 점점 투명해지도록 변경하여 2분할 구성을 완성합니다.

01 레이어 패널에서 ❶ 그레이디언트를 표현한 [레이어 1] 레이어를 선택한 후 ❷ [레이어 마스크 추가]▣ 아이콘을 클릭하여 레이어 마스크를 적용합니다.

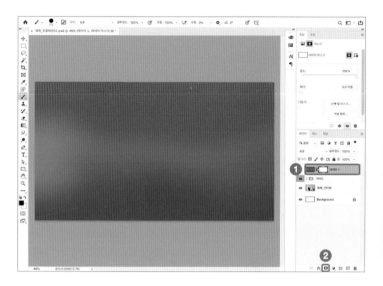

> **▶ TIP** 레이어 마스크는 레이어 자체를 훼손하지 않고 일부를 가리거나 다시 표시할 수 있는 기능입니다. 레이어 마스크에서 검은색으로 칠한 부분은 가려지고, 흰색으로 칠한 부분은 다시 표시됩니다. 자세한 설명은 172쪽을 참고하세요.

02 왼쪽으로 갈수록 자연스럽게 투명해지도록 처리하겠습니다. ❶ 〈그레이디언트 도구(G)〉▣를 선택하고 옵션 패널에서 ❷ **그레이디언트: 기본 사항-검정, 흰색**을 적용합니다.

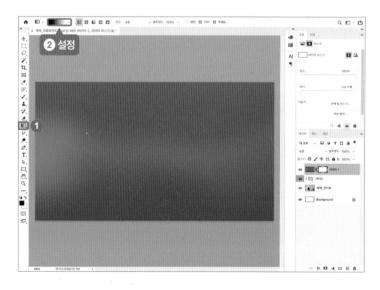

03 레이어 마스크를 검정에서 흰색으로 바뀌는 그레이디언트로 채우면 실제 레이어에서는 자연스럽게 점점 투명해지는 효과를 낼 수 있습니다. ❶ 캔버스에서 1/3 지점을 클릭한 후 ❷ Shift 를 누른 채 캔버스의 2/3 지점까지 드래그합니다.

▶ TIP Shift 를 누른 채 드래그하면 수직, 수평으로 이동할 수 있습니다.

04 [레이어 1] 레이어의 레이어 마스크에 검은색(숨김)에서 흰색(표시)으로 그레이디언트가 적용되면서 해당 레이어는 불투명도 0%에서 100%으로 자연스럽게 바뀝니다. 또한 불투명도 100%인 영역에는 아래쪽 이미지가 표시됩니다.

05 레이어 패널에서 [가이드] 그룹 레이어를 가장 위쪽으로 드래그해서 순서를 변경한 후 배너 배치 영역과 그레이디언트 배경이 조화로운지 확인합니다.

06 마지막으로 ❶ 그레이디언트 배경이 적용된 [레이어 1] 레이어를 제외한 나머지 레이어의 눈 모양 👁 아이콘을 클릭해서 투명한 격자무늬가 보이면 그대로 ❷ Ctrl + Alt + Shift + S 를 눌러 포토샵의 원본 파일인 PSD 포맷으로 저장합니다.

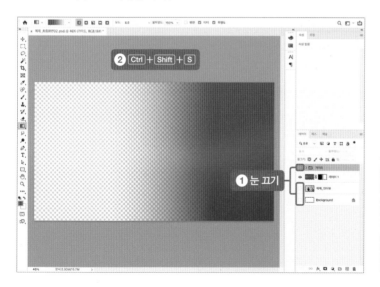

▶ **TIP** 최종 화면은 영상 콘텐츠에 따라서 내용을 손쉽게 변경할 수 있습니다. 또한 프리미어 프로와 같은 영상 편집 프로그램에서 실시간으로 수정되는 라이브 업데이트 기능을 구현하기 위해 어도비 포토샵의 원본 파일인 PSD 포맷으로 저장했습니다.

LESSON 03 | 귀여운 디자인 소스를 활용한 최종 화면

이번 최종 화면은 배경에 불투명도 80%를 적용하여 영상 콘텐츠가 비치도록 표현합니다. 또한 귀여운 콘텐츠를 다룰 때 적합한 아기자기한 디자인 소스를 배치하고 손그림을 사용해서 귀염뿌짝한 최종 화면을 만들어봅니다.

- 완성 파일: 완성_소스활용최종화면.psd
- 예제 파일: 예제_최종화면03.psd, 예제_아기고양이.jpg, 예제_cat01.png, 예제_cat02.png, 예제_cat03.png, 예제_cat04.png
- 사용 폰트: 배달의민족 연성
- 캔버스 크기: 1920×1080픽셀
- 포토샵 기능: 자유 변형, 조정 레이어, 레이어 스타일 복사&붙여넣기, 브러시 보정
- 디자인 포인트: 디자인 소스와 브러시를 활용하여 귀여운 콘텐츠에 어울리는 디자인 만들기

결과 미리 보기

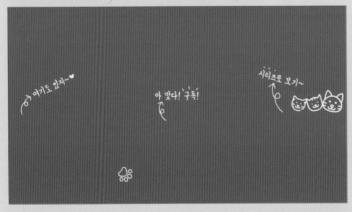

콘텐츠가 비치는 반투명한 배경 만들기

이번 최종 화면에는 영상 콘텐츠가 비치는 반투명한 배경을 사용합니다. 그러므로 배경에 다양한 색감이나 이미지를 사용하기보다는 최대한 단순하게 단색 배경으로 구성해 배치하는 것이 좋습니다.

01 Ctrl+O를 눌러 **예제_최종화면03.psd** 파일을 불러옵니다. 예제 파일은 FHD 해상도인 1920×1080픽셀이며, [가이드] 그룹 레이어에는 구독 배너와 영상 배너가 배치되어 있습니다.

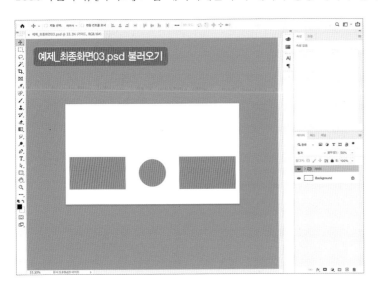

02 상단 메뉴에서 ❶ [파일 – 포함 가져오기]를 선택하여 **예제_아기고양이.jpg** 파일을 불러온 다음 ❷ 그대로 Enter를 눌러 배치합니다. 레이어 패널에서 ❸ [예제_아기고양이] 레이어를 [가이드] 레이어 아래로 드래그해서 순서를 변경하면 가이드가 나타납니다.

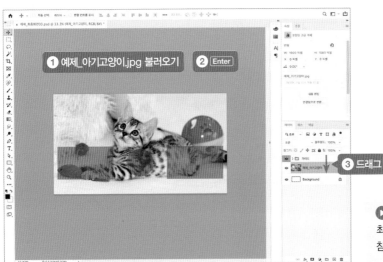

> ▶ **TIP** 예제_아기고양이.jpg 파일은 최종 화면의 레이아웃을 참고하기 위한 참고용 이미지입니다.

03 배경을 만들기 위해 레이어 패널에서 ❶ [조정 레이어] 🖸 아이콘을 클릭한 후 [단색]을 선택합니다. 색상 피커 창이 열리면 ❷ **색상: #6600ff**를 적용하고 ❸ [확인]을 클릭합니다. [예제_아기고양이] 레이어 위로 [색상 칠 1] 조정 레이어가 추가됩니다.

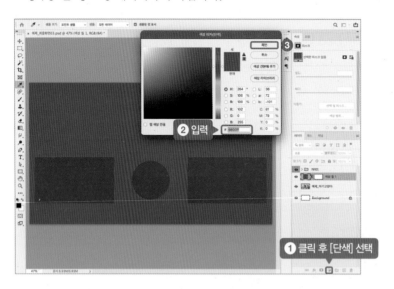

04 레이어 패널에서 배경으로 사용할 [색상 칠 1] 조정 레이어에 **불투명도: 80%**를 적용합니다. 이렇게 단색 배경에 불투명도를 적용함으로써 최종 화면 구간에서는 영상 콘텐츠가 뒤쪽으로 희미하게 표시됩니다.

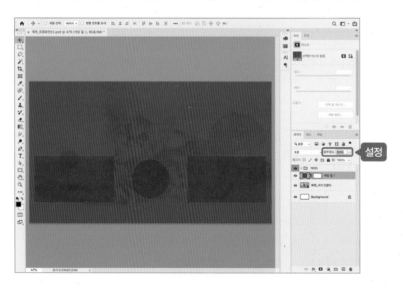

디자인 소스로 배경 꾸미기

이번 최종 화면의 레이아웃은 '영상+구독+영상'입니다. 첫 번째 실습과 동일하지만 위치를 아래쪽으로 지정했기 때문에 위쪽 공간이 허전할 수 있습니다. 따라서 귀여운 디자인 소스 등을 활용하여 허전하지 않게 꾸미는 것이 관건입니다.

01 상단 메뉴에서 ❶ [파일−포함 가져오기]를 선택하여 **예제_cat01.png** 파일을 불러옵니다. ❷ 자유 변형 상태에서 크기 및 회전 각도, 위치를 그림과 같이 변경한 후 [Enter]를 눌러 고양이 캐릭터를 배치합니다.

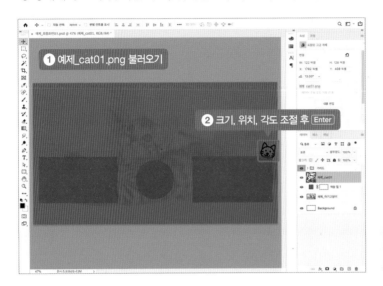

LINK 자유 변형 상태에서 크기, 각도, 위치를 변경하는 자세한 방법은 135쪽을 참고합니다.

02 고양이 캐릭터 색을 배경과 잘 어울리게 흰색으로 변경하겠습니다. 레이어 패널에서 ❶ [예제_cat01] 레이어의 이름 옆 여백을 더블 클릭합니다. 레이어 스타일 창이 열리면 ❷ [색상 오버레이]를 선택한 후 ❸ **색상: #ffffff**를 적용하고 ❹ [확인] 버튼을 클릭합니다.

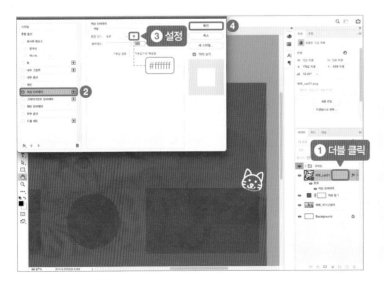

▶ TIP 고양이 캐릭터는 테두리에만 색상이 적용되어 있고, 나머지는 투명한 상태입니다. 그러므로 색상 오버레이를 적용해도 테두리 색만 바뀝니다.

03 **01** 과정과 같은 방법으로, 메뉴에서 ❶ [파일─포함 가져오기]를 선택한 후 **예제_cat02.png, 예제_**
cat03.png, 예제_cat04.png 예제 파일을 각각 불러와서 ❷ 그림과 같이 배치합니다.

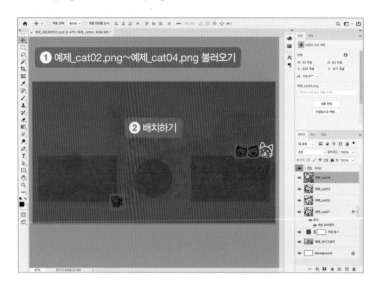

04 추가한 캐릭터에도 동일한 레이어 스타일을 적용하겠습니다. 레이어 패널에서 ❶ 흰색으로 변경한
[예제_cat01] 레이어를 [마우스 우클릭]한 후 ❷ [레이어 스타일 복사]를 선택합니다.

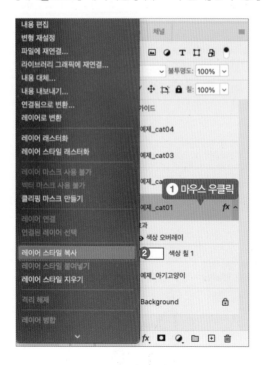

05 ❶ [예제_cat04] 레이어를 클릭한 후 Shift 를 누른 채 [예제_cat02] 레이어를 클릭하여 추가한 캐릭터를 다중 선택하고 [마우스 우클릭]한 후 ❷ [레이어 스타일 붙여넣기]를 선택합니다. 추가한 캐릭터 레이어에도 [색상 오버레이]가 일괄 적용됩니다.

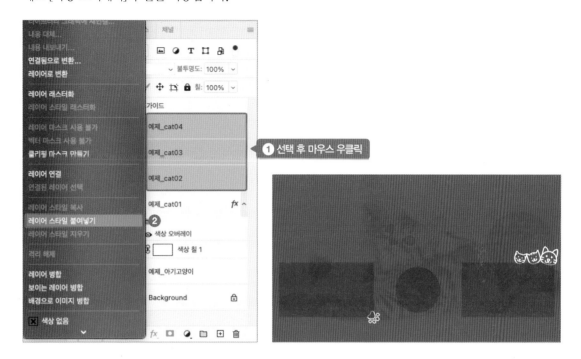

손그림과 문구 입력으로 마무리하기

디자인 소스를 배치한 것만으로도 충분히 활용할 수 있는 디자인입니다. 하지만 여전히 위쪽 여백이 아쉽게 느껴집니다. 마지막으로 손그림 느낌의 화살표, 하트 등의 아기자기한 요소들을 직접 그려 넣고 문구를 입력하여 재미난 분위기를 연출해보겠습니다.

01 레이어 패널에서 ❶ [새 레이어 만들기]▣ 아이콘을 클릭하여 레이어를 추가합니다. ❷ 〈브러시 도구 (B)〉✎를 선택한 후 옵션 패널에서 ❸ **모양: Kyle의 궁극의 파스텔 팔루자, 크기: 10픽셀, 불투명도: 100%, 흐름: 90%, 보정: 30%**를 적용합니다.

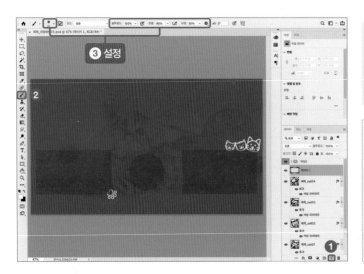

> **▶ TIP** [보정] 옵션은 100%에 가까울수록 브러시 반응 속도가 느려지지만, 그만큼 손 떨림이 보정되어 좀 더 자연스럽게 그림을 그릴 수 있습니다.

02 도구 패널에서 ❶ [전경색]을 클릭한 후 **색상: #ffffff**를 적용합니다. ❷ 그림과 같이 왼쪽 영상 배너와 구독 배너 부분에 살짝 겹치도록 드래그하여 화살표를 그립니다. 이때 문구를 입력할 위치를 고려하여 화살표 방향을 정합니다.

> **▶ TIP** 캔버스에서 손그림을 그릴 때는 Ctrl + + (확대), Ctrl + - (축소) 단축키를 이용해 화면을 확대/축소한 후 작업하면 편리합니다.

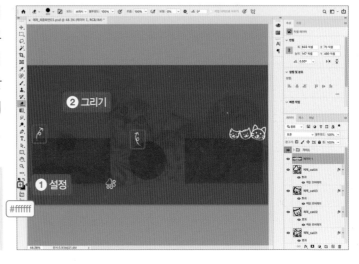

03 계속해서 오른쪽 영상 배너에도 그림과 같이 화살표를 그립니다.

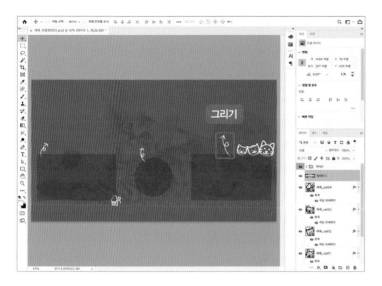

04 이제 문자를 입력해보겠습니다. ❶ 〈수평 문자 도구(T)〉 T를 선택하고 ❷ 문자 패널에서 ❸ **글꼴: 배달의민족 연성, 크기: 55pt, 자간: 0, 색상: #ffffff**를 적용합니다. ❹ 캔버스 빈 곳을 클릭하여 **여기도 있지~**를 입력한 후 Ctrl+Enter를 눌러 입력을 마칩니다. ❺ Ctrl+T를 눌러 자유 변형을 실행하여 ❻ 그림과 같이 위치와 각도를 조절한 후 Enter를 눌러 배치를 마칩니다.

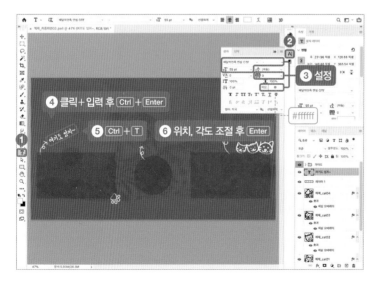

05 계속해서 같은 방법으로 **아 맞다! 구독!**과 **시리즈로 보기~** 문자를 입력한 후 그림과 같이 각 위치에 배치합니다.

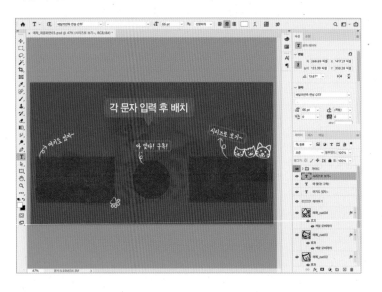

06 기본적인 디자인은 다 끝났습니다. 손그림 느낌을 더 표현하고 싶다면 추후 수정이 편리하도록 ❶ [새 레이어 만들기] ▣ 아이콘을 클릭하여 레이어를 추가한 후 ❷ ⟨브러시 도구(B)⟩ ✎를 선택하여 ❸ 하트, 집중선, 점 등을 그려 넣어 완성합니다.

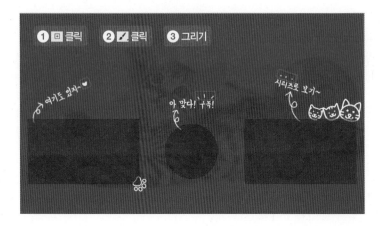

07 모든 디자인이 끝났다면 최종 화면으로 저장하기 전 반드시 레이어 패널에서 ❶ [가이드], [예제_아기 고양이], [Background] 레이어의 눈 모양 👁 아이콘을 클릭해서 숨깁니다. 그림과 같이 흐릿하게 격자무 늬가 보이는 상태에서 ❷ Ctrl + Shift + S 를 눌러 포토샵의 원본 파일인 PSD 포맷으로 저장합니다.

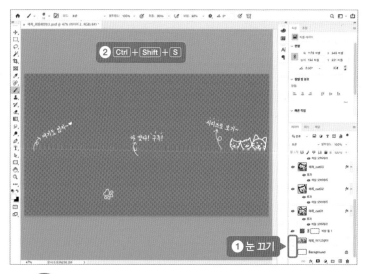

▶TIP 최종 화면은 영상 콘텐츠에 따라서 내용을 손쉽게 변경할 수 있습니다. 또한 프리미어 프로와 같은 영상 편집 프로그램에서 실시간으로 수정되는 라이브 업데이트 기능을 구현하기 위해 어도비 포토샵의 원본 파일인 PSD 포맷으로 저장했습니다.

🍎 **우디노트** | **배너 영역과 겹친 부분의 디자인 처리**   👍 👎 ➡ ☰+

최종 결과를 보면 배너 영역과 일부 디자인 소스가 겹친 부분이 있습니다. 이는 의도한 디자인입니다. 이렇게 배너 영역에 겹치도록 디자인 소스를 배치하면 이후 실제 배너(요소)를 배치했을 때 다음과 같이 디자인 소스가 살짝 가려진 것처럼 표현할 수 있습니다.

▲ 최종 화면 적용 전

▲ 최종 화면 적용 후